탁월한 성서학자가 시편을 해석해주는 것만 해도 좋은 일인데, 거기서 멈추지 않고 우리를 기도의 여정으로 이끈다. 이 오래된 기도문들이 어떻게 지금 나의 기도로 이어질 수 있는지 이렇게 친절하게 안내하는 책은 전에 본 적이 없는 것 같다. 시편에 익숙한 분들에게도, 시편을 처음 읽는 분들에게도 이 책은 따뜻하고 섬세한 안내자가 될 것이다.

김민석 | 웹툰 작가, 『마가복음 뒷조사』, 『창조론 연대기』 저자

시편은 그 자체가 기도문이라 생각되어, 읽을 때마다 눈으로만 읽지 않고 가능한 소리를 내어 따라 읽는 것을 좋아한다. 암송하고 있는 구절들도 대부분 시편이다. 시편을 마음 깊이 사랑하는 한 사람으로서 『시편을 쓰다』가 무척이나 반갑다. 실제로 추천사를 부탁받았을 때 진행 중인 성경통독에서 시편을 읽고 있던 중이라 더욱 기대가 되었다. 『시편을 쓰다』를 통해 시편의 아름다움을 한 절 한 절 더욱더 풍성히 누릴 수 있었다. 또한 읽는 내내 든든한 친구가 되어 시편을 더 사랑하게 해주었다. 우리 삶이 시편처럼 어떤 상황에서도 하나님을 향한 노래와 고백이 가득한 삶이 되길 소망하며, 시편을 사랑하는 이들에게 이 책을 기쁜 마음으로 권한다.

수이브흐 | 그림 묵상 작가, 성경통독모임 디어바이블 운영자

한국인에게 가장 어려운 성경은 시편이 아닐까 싶다. 주입식 교육 아래, 문학 작품에 대한 해석조차도 하나의 답을 찾아내도록 훈련을 받아온 까닭이다. 하지만 시편의 하나님은 OMR 카드의 정답란이 아닌 행간의 여백 속에서 우리를 기다리고 계신다. 음미하고, 머무르고, 이입하고, 상상할 때 시편의 운율은 저마다에게 새로운 멜로디로 울려 퍼진다. 이런 점에서 『시편을 쓰다』는 스트레칭 같은 책이다. 정답에 대한 강박으로 경직된 독자들의 마음을 한껏 풀어준 뒤, 다양한 각도로 고개를 돌리며 느긋하게 시편의 본문을 거닐도록 도와준다. 길을 너무 헤멘다 싶으면 슬며시 나타나 성서학의 단서를 건네주기도 하지만 결코 하나의 답변을 강요하지 않는다. 책장을 넘기다보면 어느새 시편 안에 젖어들고 있음을, 나아가 우리의 여정도 하나의 시편으로 기록되고 있음을 마주하게 될 것이다.

장민혁 | 유튜브 채널 〔오늘의 신학공부〕 운영자, 오레브미디어 대표

시편을 쓰다

폴라 구더

JOURNALLING THE PSALMS

A Guide for Reflection and Prayer

Paula Gooder

목 차

시편은 성경 안에서 가장 아름다운 구절들을 담고 있습니다. 그 구절들은 우리가 필요로 할 때 영감을 주기도 하고 위로를 주기도 합니다. 또한 우리를 기도와 찬양으로 이끌어 주기도 합니다. 2,000년이 훨씬 넘는 세월 동안 계속해서 시편의 구절들을 통해 기도가 만들어져 왔습니다. 그러므로 시편으로 기도할 때 우리는 수천 년 전으로 거슬러 올라가 오랜 세월 이어진 기도 속에 참여하게 됩니다. 매일매일 시편을 사용하여 기도하고 찬양하고 슬퍼하고 애통해하고 감사를 표현했던 유대인들과 기독교인들 모두와 함께 하게 되는 것이죠. 물론 그렇다고 해서 시편으로 기도하는 일이 쉽다는 말은 아닙니다. 사실 시편은 우리로 하여금 기쁨에서 고뇌로, 찬양에서 분노로, 깊은 평온에서 극심한 고통으로 이어지는 감정의 롤러코스터를 타게 할 때도 있습니다.

어떤 면에서 보면 시편으로 하는 기도는 공동의 활동이라고 할 수 있습니다. 우리가 특정 시편에 담긴 모든 감정을 일일이 느끼지 못할지라도, 우리가 속한 공동체의 누군가는 우리가 느끼지 못한 그 감정을 느낄 수도 있으니까요. 따라서 시편은 우리 자신뿐만 아니라 우리 공동체에 속한 사람들을 위해서도 기도하게 만듭니다. 우리뿐만 아니라 각 사람들의 감정적인 반응도 반향합니다. 누군가가 어딘가에서 지금 내가 붙잡고 기도하는 시편의 감정을 느끼고 있을 것이란 사실을 떠올린다면, 우리의 공동체 혹은 전 세계의 신앙 공동체를 마음속에 품고 기도하는 데 분명 도움이 될 것입니다. 이처럼 시편은 우리에게 공동체가 있다는 사실을 일깨워 줍니다. 우리에게 알려진 사람이든 알려지지 않은 사람이든, 우리 주위에 기도가 필요한 사람들이 있다는 사실을 일깨워 줍니다. 즉, 시편은 우리가 함께 예배하고 함께 기도하게 만듭니다.

시편은 공공의 예배를 위해 만들어진 책이기도 합니다. 본래 사람들은 성전에서 예배를 드릴 때 시편을 불렀습니다. 또한 순례자들은 성전으로 가는 길에 시편을 함께 불렀습니다. 기독교인들 역시 다양한 방식으로 시편을 낭송하거나 불렀는데요. 대개는 다른 사람들과 함께 불렀습니다. 이처럼 오랜 세월 동안 시편은 교회의 기도서였을 뿐만 아니라 찬송가이기도 했습니다.

시편은 다른 사람들과 함께 나누고 부를 때 강력한 힘을 발휘합니다. 물론 우리가 혼자 기도할 때 역시 동일한 힘을 발휘합니다. 본서의 초점은 시편의 이러한 측면에 맞춰져 있습니다. 본서는 여러분이 개인적으로 기도할 때 시편에 대해 더 깊이 생각하도록, 또한 시편을 생각하면서 더 깊이 기도하도록 이끄는 것을 목표로 합니다. 다르게 표현하자면, 여러분이 충분히 묵상할 수 있는 시간을 제공하는 것을 목표로 합니다. 먼저는 시편이 보편적인 차원에서 말하고 있는 것을, 그 다음에는 좀 더 구체적으로 시편이 여러분과 여러분의 주변 사람들에게 말하고 있는 것을 생각해 보도록 이끄는 것입니다. 이러한 이유로 여러분의 생각을 기록할 수 있는 공간을 충분히 마련해 두었습니다. 낙서를 하거나 그림을 그리거나, 글을 쓰거나, 혹은 그저 몇 가지 단어들을 기록하는 등 여러분 자신에게 맞는 방식으로 텍스트 사이의 공백을 자유롭게 활용하길 바랍니다. 본서에 담긴 각각의 질문들은 여러분이 생각해 볼 만한 주제나 문제를 다루고 있습니다. 질문들을 통해 자유롭게 생각을 펼쳐보세요. 질문에 대해 깊이 생각해보면서 여러분의 상상력이 어디까지 이어지는지 살펴보세요. 무엇보다 어떤 질문에도 '정답'은 없으니 마음 편히 답을 해보세요(물론 답하고 싶지 않은 질문은 그냥 넘어가도 괜찮습니다!).

시편으로 노래 부르는 것도 잊지 마세요! 시편을 묵상할 때 곡조를 알고 있다면(심지어 모르더라도) 가사에 따라 노래를 불러보세요. 그것이 2천여 년 전에 성전에서 기도했던 방식입니다.

시편은 언제 쓰였나요?

시편이 언제 쓰였는지에 대한 질문은 대답하기 어려운 질문 중 하나입니다. 대부분의 시편은 주전 9세기경부터 기원전 5세기경에 걸쳐 쓰였지만, 시편 137편처럼 역사상 특정 사건을 언급하지 않는 한 정확히 언제 처음 쓰였는지 확신하기는 어렵습니다. 시편이 처음 쓰여진 이래로 매일, 매주, 계속해서 말로 전해지거나 노래로 불렸기 때문입니다. 즉, 각 시편은 원래의 문맥과 그 이후로 쌓인 무수히 많은 문맥을 함께 가지고 있습니다. 각 시편은 누군가의 삶에 완벽하게 들어맞거나 누군가의 경험에 대해 호소력 짙게 말할 때마다, 새로운 문맥을 얻습니다. 다시 말해, 새로운 시간과 공간 속에서 하나님을 향해 새롭게 이야기합니다. 따라서 어떤 시편이 언제 처음 쓰였는지 정확히 알아내는 것은 매우 어려운 일이며, 어떤 면에서는 그렇게까지 중요한 일도 아닙니다. 온 마음을 다한 기도에 사용될 때마다 새로운 저자와 문맥을 얻게 되니까요.

전통적으로 시편은 다윗이 쓴 것으로 알려져 있는데요, 다윗은 작곡가이자 시인이자 노래를 부르는 사람이었습니다. 사무엘서 속에 담긴 이야기들은 다윗이 수금을 연주하는 모습(삼상 16:23), 노래하고 춤추는 모습(삼하 6:14-22), 그리고 비극의 순간에 애통해하는 모습(삼하 1:17-27)을 묘사하고 있습니다. 제목에 '다윗의 시'가 들어간 시편들이 이러한 묘사를 뒷받침합니다(73개의 시편들이 다윗의 작품으로 여겨집니다). 그러나 모든 시편에 '다윗의 시'가 쓰여있는 것은 아니며, 일부는 '솔로몬의 시'(시 72, 127편), '아삽의 시'(시 50, 73-83편)가 쓰여있기도 합니다. 또한 위에서 언급한 시편 137편처럼, 일부 시편들의 경우 분명 다윗 시대보다 훨씬 후대에 기록된 것처럼 보이기도 합니다.

오랫동안 학자들은 시편의 저자에 대해 머리를 긁적였습니다. 실제로 한동안 많은 학자들이 다윗과 시편의 연관성에 대해 이의를 제기했지만, 이제 그러한 시각도 조금씩 바뀌고 있습니다. 다윗이 하나님의 영감을 받아 기도하고 노래하고 수금을 연주했다는 확실한 기록이 있기 때문에, 비록 다윗이 모든 시편을 쓰지 않았다고 하더라도 시편 전통에 큰 영향을 미쳤다고 보는 것은 적절합니다. 그를 가리켜 '시편의 아버지'(다수의 시편들의 저자이자 다른 시편들에 영감을 준 사람)라고 부르는 것이 자연스러워 보입니다.

시편에 제목은 왜 있는 것인가요?

3/4 이상(150개 시편 중 116개)의 시편들이 제목이나 표제를 가지고 있습니다. 앞서 언급했듯이, 그 일부는 저자를 나타내거나(이를테면, '다윗의 시', '솔로몬의 시'), 혹은 영감의 출처(이를테면 '다윗 풍의 문체', '솔로몬 풍의 문체')를 가리키는

것으로 보입니다. '다윗의 시' 혹은 '솔로몬의 시'라는 표현은 둘 중 하나를 의미했을 것입니다. 또 다른 저자 혹은 영감의 출처로는 아삽(12개의 시편들), 고라 자손(11개의 시편들), 모세(1개의 시편[90편]), 에스라인 에단(1개의 시편[89편]), 에스라인 헤만(1개의 시편[88편]) 등이 있습니다.

시편 제목들의 약 1/3은 음악 감독에게 어떤 악기를 사용해야 하는지('현악기에 맞추어'[시 4편], 혹은 '관악기에 맞추어'[시 5편]) 혹은 어떤 곡조에 맞춰 연주해야 하는지('깃딧에 맞추어'[시 81편], 혹은 '백합화 곡조에 맞추어'[시 69편])를 지시하는 내용입니다. 또한 일부 제목들은 해당 시편이 어떤 유형의 시편인지 알려주기도 합니다. 이를테면, '마스길'(시 53편, 마스길은 명상이나 묵상일 수 있음) 또는 '믹담'(시 56편, 믹담이 정확히 무엇인지 알기 어렵지만 '금'과 같은 특별한 무언가를 가리킬 수 있음)이 있습니다. 그리고 때로 제목들은 해당 시편이 무엇을 위한 시편인지 알려주기도 합니다. 이를테면, '혼인 잔치'를 위한 노래임을 가리키거나(시 45편) 혹은 다윗의 생애에서 일어난 일을 가리키기도 합니다(시 51편, '다윗이 밧세바와 동침한 후 선지자 나단이 그에게 왔을 때').

시편 제목들을 살펴보지 않고 그냥 넘겨 버릴 수도 있지만, 우리가 놓칠 수도 있는 내용을 알려주기도 하므로 제목마다 잠시 시간을 두고 살펴볼 가치가 분명히 있습니다.

셀라는 무슨 뜻인가요?

일부 번역본들을 보면 시편 곳곳에 **셀라**라는 단어가 기록되어 있습니다. 본서에 사용된 NIV 번역의 경우 **셀라**가 기록되어 있지 않지만, 대부분의 사람들이 이 단어에 흥미를 느끼기 때문에 여기서 따로 언급할 가치가 있을 것 같습니다. 문제는 그 누구도 셀라라는 단어가 정확히 무엇을 의미하는지 알지 못한다는 것입니다. 이 단어가 다른 어느 곳에서도 사용되지 않기 때문입니다. 가장 그럴듯한 추측은 그 표현이 노래 혹은 악기연주와 같은 일종의 음악적 막간을 의미한다는 것입니다. 만일 이것이 사실이라면 상당히 흥미로운 생각이라고 할 수 있습니다. 시편 안에 해당구절에 대해 더 깊이 묵상할 수 있는 규칙적인 지점들이 있음을 가리키기때문입니다. 본서는 이러한 전통을 이어받아 각각의 시편들을 충분히 묵상할 수 있는 여지를 제공하고 있습니다.

시편은 어떻게 연주되거나 노래되었나요?

시편에서 분명하게 드러나는 한 가지 특징은, 시편 낭독에 있어서 음악이 상당히 결정적인 역할을 했다는 점입니다. 이것을 보여주는 좋은 사례가 바로 시편 150편입니다. 150편은 하나님을 찬양하는 데 사용되는다양한 악기들을 나열하고 있습니다. 노래와 춤도 뒤따랐지만, 또한 양의뿔(쇼파르 또는 나팔), 현악기(비파, 수금), 관악기(퉁소), 타악기(소고 또는 제금)도 함께 연주되었습니다. 다시 말해, 성전에서 시편을 노래하는 것은 정말로시끌벅적한 일이었을 것입니다!

어려운 부분은 생략해도 될까요?

시편의 어떤 부분은 아름답고 감동적이며 큰 격려가 되기도 하고, 또어떤 부분은 무섭고 소름끼치며 섬뜩하기도 합니다. 후자처럼 공적인 예배에서 사용하기 어려운 구절들은 아예 생략하는 것이 더 낫지 않나 생각이 들 때가 있는데요, 특히 그 구절이 어디에서 왔는지, 왜 그런 구절이있는지 설명할 방법이 없는 경우가 그렇습니다. 하지만 저는 개인적인 연구 혹은 예배를 위해 그러한 시편들도 포함하는 것이 더 좋다고 생각합니다. 시편에는 인간의 모든 감정이 담겨 있습니다. 그 감정의 범위가 넓어서 때로는 우리를 불편하게 만들 때도 있습니다. 그러나 우리는 기도할 때 우리가 느끼는 감정 그대로를 하나님께 가져갈 수 있어야 합니다. 삶의 다른 영역에서는 그 감정을 있는 그대로 표현할 수 없을지라도 말이죠. 시편 저자들이 그리 했으니, 우리도 그렇게 할 수 있습니다. 때로 해당 시편에 잘 어울리지 않는 구절들을 보면, 우리의 모든 것을 있는 그대로 하나님께 가져가는 것이 얼마나 중요한지를 깨닫게 됩니다. 심지어 하나님께서 우리와 멀리 떨어져 계신 것처럼 느껴질 때조차 말이죠.

시편을 쓰다

시편으로 기도하는 것은 공동의 활동이면서 동시에 개인적인 활동이기도 합니다. '마리아의 찬가'(눅 1:46-55)나 시므온의 찬송(눅 2:29-32)과 같은 노래들은 분명 시편으로부터 영향을 받았을 것입니다. 이는 사람들이 개인적으로 시편을 기도하고 묵상하며 자신의 상황에 맞게 시편을 개사했음을 나타냅니다.

본서 역시 여러분이 그와 같이 시편에 참여하도록 초대하고 있습니다. 마치 일기를 쓰듯이 자신의 생각과 감정을 솔직히 기록하다보면, 점차 자신이 정말로 생각하고 느끼는 것을 풀어낼 수 있을 것입니다. 다양한 감정이 뒤섞여 있는 시편은 일기처럼 쓰기에 완벽한 소재입니다. 우리는 꽤 자주 시편을 처음부터 끝까지 쉴 새 없이 말하거나 노래한 이후에야, 다음 단계로 넘어가곤 하는데요, 본서는 읽는 속도를 늦추고 시편 전체와 세부적인 부분 모두에 대해 천천히 묵상할 것을 추천합니다. 제가 수 년에 걸쳐 깨닫게 된 교훈 중 하나는 우리가 무언가를 읽을 때 좀 더 느리게, 좀 더 천천히 생각하며 읽을 수 있다면, 읽는 과정에서 하나님에 대해서, 그리고 세상과 우리 자신에 대해서 훨씬 더 많은 것을 배울 수 있다는 것입니다.

본서에는 열다섯 편의 시편만이 선별되어 수록되어 있습니다. 하지만 다른 시편들을 읽을 때에도, 본서의 시편들을 읽고 쓰고 묵상하며 익힌 기술들을 계속해서 활용할 수 있을 것입니다.

시편은 기도와 찬양의 보고와도 같습니다. 본서를 쓰기 위해 시편과 관련된 사안들을 연구하고 조사하는 동안, 제 소셜 미디어 팔로워들에게 그들의 신앙 여정에서 가장 중요했던 시편을 말해달라고 요청한 적이 있는데요, 본서에 실린 열다섯 편의 시편들은 그런 방식으로 선정된 시편들입니다. 선별된 시편들은 찬양으로 가득 찬 시편부터 애가로 가득 찬 시편까지, 심지어 괴로운 경험들을 되돌아보며 그 안에서도 하나님의 임재를 좇는 시편에 이르기까지 다양한 주제와 범위를 보여 줍니다. 이러한 시편들을 묵상하면서 독자 여러분들이 각기 인생의 희노애락을 되돌아보고, 그 안에서 하나님의 사랑에 대한 확신을 더욱 더 충만하게 경험하기를 소망합니다.

Psalm 1

시편 1편은 가장 첫 번째 시편이면서 동시에 다른 모든 시편들의 도입부이기도 합니다. 실제로 몇몇 초기 판본에서는 번호 없이 단독으로 나머지 시편들 앞에 배치되어서 이후 시편들의 서문 역할을 합니다. 시편 1편은 다른 대부분의 시편들과 달리 제목이 없습니다. 이것은 시편 1편이 그 자체로 시편 전체의 제목에 해당할 수도 있다는 인상을 줍니다. 그리고 이후에 나오는 시편들을 어떻게 읽고 어떻게 기도해야 하는지를 말해줍니다.

시편 1편은 인생에는 두 가지 길이 있는데, 길 하나는 복으로 이어지고, 다른 길 하나는 심판으로 이어진다고 이야기합니다. 전자의 길은 뿌리가 단단하고 안전한 삶으로 이어지지만, 후자의 길은 돌풍에 날아갈 수 있는 덧없는 존재의 삶으로 이어집니다. 시편 1편은 그와 같은 삶의 길에 대해 더 알고자 한다면, 이후에 나오는 시편들까지 모두 읽고 기도해야 함을 시사합니다.

시편 1편

1 복 있는 사람은 악인들의 꾀를 따르지 아니하며 죄인들의 길에 서지 아니하며 오만한 자들의 자리에 앉지 아니하고

2 오직 여호와의 율법을 즐거워하여 그의 율법을 주야로 묵상하는도다

3 그는 시냇가에 심은 나무가 철을 따라 열매를 맺으며 그 잎사귀가 마르지 아니함 같으니 그가 하는 모든 일이 다 형통하리로다

4 악인들은 그렇지 아니함이여 오직 바람에 나는 겨와 같도다

5 그러므로 악인들은 심판을 견디지 못하며 죄인들이 의인들의 모임에 들지 못하리로다

6 무릇 의인들의 길은 여호와께서 인정하시나 악인들의 길은 망하리로다

시편 1편은 복 있는 사람과 악인 사이의 대조를 토대로 크게 네 단락으로 나누어집니다. 처음 두 단락은 묘사가 길고, 마지막 두 단락은 그보다 훨씬 짧은데요.

- 1-3절은 "복 있는 사람"에 대해 이야기합니다. 즉, 복 있는 사람은 어떤 사람인지, 그 사람에게 어떤 일이 일어날지에 대해 이야기합니다.
- 4-5 절은 "악인"과 악인에게 일어날 일에 대해 이야기합니다.
- 6절의 첫 번째 행은 의인들이 왜 의로운지(하나님이 그들을 인정하시기 때문에)에 대해 이야기합니다.
- 6절의 두 번째 행은 악인의 운명에 대해 이야기합니다.

시편 1편은 복 있는 사람과 악인을 대조합니다. 하지만 자세히 살펴보면 네 단락이 일치하지 않고, 복 있는 사람에 대한 설명이 악인에 대한 설명과 다른 양식을 따른다는 점을 알 수 있습니다. 각각의 설명이 어떻게 다른 것 같나요?

시편 1편의 저자는 하나님을 사랑하는 사람들에게 좋은 일이 일어날 것이라고 믿습니다. 그러나 우리 모두가 알다시피, 삶이 언제나 그런 식으로만 흘러가는 것은 아닙니다. 욥기에서도 분명히 확인할 수 있듯이 때로 선한 사람에게도 나쁜 일이 일어날 수 있습니다. 그럼에도 이 시편의 저자가 그리는 묘사가 상당히 흥미롭습니다. 현명한 건축자와 어리석은 건축자에 대한 예수님의 비유를 떠올리게 하는데요, 실제로 힘들고 어려운 시기에 우리의 토대(이 시편에서는 나무의 "뿌리"에 해당)는 정말로 중요합니다.

 여러분은 어디에 뿌리를 내리고 있나요? 삶 가운데 폭풍이 몰아칠 때 그 뿌리로 얼마나 버틸 수 있다고 확신하나요?

흥미로운 이야기
시편 1편은 히브리어 알파벳의 첫 글자로 시작하여 마지막 글자로 끝이 납니다. 이는 사람의 A부터 Z까지(히브리어로는 알레프부터 타브까지), 즉 사람의 인생 전체를 다루는 말씀임을 암시합니다.

¹ **복 있는** 사람은 악인들의 꾀를 따르지 아니하며 죄인들의 길에 서지 아니하며

오만한 자들의 자리에 앉지 아니하고

히브리어로 "복(있는)"에 해당하는 단어는 두 가지가 있습니다. 하나는 시편 1편에 사용된 단어(아쉬레이)이고, 또 다른 하나는 성전에서 제사장이 하는 일을 묘사할 때 사용되는 단어(바룩)입니다. 어떤 사람들은 시편 1편에 사용된 단어를 "행복한"으로 번역하기도 하는데, 이는 성전에서 제사장들이 주는 축복을 가리키는 것이 아님을 밝히기 위함입니다. 문제는 "행복한"이라는 표현이 아쉬레이가 가진 모든 의미를 충분히 전달하지 못한다는 점입니다. "행복한"이라는 표현은 대개 인생이 잘 풀릴 때 느끼는 다소 피상적인 만족 정도를 의미하기 때문입니다.

 "복"이라는 단어에 대해 생각해 보세요, "복"하면 연상되는 단어들을 모두 적어 보세요.

¹ 복 있는 **사람은** 악인들의 꾀를 따르지 아니하며 죄인들의 길에 서지 아니하며

   오만한 자들의 자리에 앉지 아니하고

시편 1편은 복 있는 사람을 단수(히브리어 원문에는 "그 사람")로, 악인들은 복수("그들")로 언급하고 있다는 점을 알아차리는 것이 중요합니다. 이는 곧 "의인들"의 경우 살면서 자신들을 둘러싼 "악인들"에게 수적으로 열세이며 압도를 당하는 듯한 느낌을 받을 수 있음을 암시합니다.

 나와 다른 가치관이나 도덕관을 가진 사람들로 인하여 압도를 당하거나 열세라고 느낀 적이 있나요? 어떤 느낌이었나요? 그리고 뿌리가 깊은 나무의 이미지를 떠올려 보세요. 무엇인가 달라지는 느낌이 있나요?

¹ 복 있는 사람은 악인들의 꾀를 **따르지 아니하며** 죄인들의 길에 **서지 아니하며**
오만한 자들의 자리에 **앉지 아니하고**

의로운 사람이라면 하지 않는 일을 묘사하는 데 사용된 동사들에 주
목해 보세요. 1절은 어떤 점진적인 과정을 드러냅니다. 처음에는 따르는
시도를 해보고, 익숙해지면 그 안에 서게 되고, 결국에는 그곳에 주저앉
아 습관이 되는 과정 말이지요.

 악인들과 죄인들, 오만한 자들의 길을 걷고, 그 가운데 서고,
거기에 주저앉는 모습을 떠올려 보세요. 그리고 떠오르는 생
각을 적어 보세요.

흥미로운 이야기
"묵상하는도다"(2절)로 번역된 히브리어 단어는 아마 "큰 소리로 말하
다"는 의미였을 것입니다. 고대 세계에서 사람들은 무언가를 읽을 때
조용히 읽는 법이 없었기 때문입니다. 실제로 이 동사는 성경의 다른
본문에서 비둘기의 울음소리(사 38:14), 사자의 으르렁거리는 소리(사
31:4), 사람의 목소리(시 35:28)를 가리키는 데 사용됩니다.

³ 그는 **시냇가에 심은 나무**가 철을 따라 열매를 맺으며 그 잎사귀가 마르지 아니함 같으니 그가 하는 모든 일이 다 형통하리로다

시냇가에 심은 나무의 이미지는 시편 전체에서 가장 인상적이고 감명 깊은 이미지 중 하나입니다. 이 이미지의 핵심은 나무에 영양분이 주어지는 과정은 볼 수 없고 그 효력만을 볼 수 있다는 것, 그리고 그 과정은 장기적이라는 것입니다. 다시 말해, 나무는 하루아침에 그 뿌리가 튼튼해지지 않습니다. 나무는 며칠, 몇 주, 몇 달, 몇 년 동안 규칙적으로 영양분을 공급받아야만 크고 튼튼하게 자라서 무더운 여름이 오더라도 시들지 않을 수 있습니다. 마찬가지로 하나님의 말씀에 뿌리를 내리고 영양분을 공급받는 과정은 다른 누구도 볼 수 없습니다. 하지만 오랜 기간에 걸친 그 과정의 효력은 분명 여러분에게 큰 힘이 될 것입니다. 여러분이 그 힘을 가장 필요로 할 때 말이지요.

 시냇가의 나무가 영양분을 공급받는 모습을 떠올려 보세요.
그리고 떠오르는 생각을 적어 보세요.

여호와의 율법에 뿌리를 깊이 내린 사람과, 겨(쭉정이)와 같은 사람의 차이에 주목해 보세요. 고대 세계에서는 바람으로 껍질을 흩날리는 과정을 통해, 빻는 데 사용할 밀을 준비했습니다. 곡식을 흩날리는 데 쓰는 나무 갈퀴를 사용하여 밀을 공중에 던지면 겨, 곧 낟알의 건조하고 비늘 같은 겉 부분은 바람에 날아가고 속에 있는 무거운 알갱이는 땅으로 떨어졌습니다

 어째서 시편 저자는 악인은 겨처럼 흩날리게 된다고 말했을까요?

⁶ 무릇 의인들의 길은 **여호와께서 인정하시나** 악인들의 길은 망하리로다

마지막 6절은 이 시편 전체의 중심과도 같습니다. 여호와 하나님이 직접 언급된 것은 이 구절이 처음인데요(2절에서 "여호와의 율법"이 언급되긴 하지만 직접적으로 명시되지는 않으니까요), 1편 전체에 걸쳐 나타났던 의인들과 악인들의 길 사이의 대조가 아주 분명하게 드러납니다. 의인들의 길은 사랑을 베푸시며 돌보시는 하나님께서 지켜보시고 인정하시나, 악인들의 길은 독립적이고 자율적이지만 결국 멸망의 방향으로 갑니다.

 하나님께서 의인들의 길을 지켜보시고 인정하신다는 말씀의 의미가 무엇이라고 생각하나요?

시편 1편을 다시 천천히 읽어보세요. 그리고 눈에 띄는 표현들을 표시해 보세요. 처음 읽었을 때 눈에 띄었던 표현들과 같은가요? 다른가요? 이제 시편 1편의 묵상을 마무리하면서 스스로에게 다음의 세 가지 질문을 던져 보세요.

• 어떤 감정이 드나요?

• 어떤 생각을 하게 되었나요?

• 이제 어떤 기도를 하고 싶은가요?

　　기독교인들에게 시편 22편은 "엘리 엘리, 라마 사박다니?", 즉 "나의 하나님, 나의 하나님, 어찌하여 나를 버리셨나이까?"(마 27:46; 막 15:34)라는 십자가에서의 예수님의 외침이 담긴 시편으로 가장 잘 알려져 있습니다. 물론 십자가 처형에 대한 복음서 이야기에 언급된 시편 구절은 이것만이 아닙니다. 7-8절("나를 보는 자는 다 나를 비웃으며"), 15절("나의 입은 옹기처럼 말라 버렸고"[새번역]), 16절("무리가 나를 둘러 내 수족을 찔렀나이다"), 18절("내 속옷을 제비 뽑나이다")은 모두 십자가 처형과 관련된 사건들을 반향합니다. 시편 22편과 십자가 처형 이야기(특히 마가복음 15:21-41)를 함께 읽고 서로 어떻게 연결되어 있는지 살펴보는 것도 흥미로운 일이 될 것입니다.

　　시편 22편은 예수님께서 시편을 어떻게 사용하셨는지를 강렬하게 보여주는 사례입니다. 하지만 우리는 먼저 이 시편을 그 자체로 읽고 음미해야 합니다. 시편 22편은 절망과 찬양이 눈에 띄게 뒤섞여 있으며, 그러한 뒤섞임이 시편 전체에서 앞서거니 뒤서거니 하다가, 결국 미래에 대한 커다란 소망과 확신으로 끝이 납니다.

다윗의 시

인도자를 따라 아얠렛샤할("새벽의 사슴")에 맞춘 노래

¹ 내 하나님이여 내 하나님이여 어찌 나를 버리셨나이까 어찌 나를 멀리 하여 돕지 아니하시오며 내 신음 소리를 듣지 아니하시나이까

² 내 하나님이여 내가 낮에도 부르짖고 밤에도 잠잠하지 아니하오나 응답하지 아니하시나이다

³ 이스라엘의 찬송 중에 계시는 주여 주는 거룩하시니이다

⁴ 우리 조상들이 주께 의뢰하고 의뢰하였으므로 그들을 건지셨나이다

⁵ 그들이 주께 부르짖어 구원을 얻고 주께 의뢰하여 수치를 당하지 아니하였나이다

⁶ 나는 벌레요 사람이 아니라 사람의 비방거리요 백성의 조롱거리니이다

⁷ 나를 보는 자는 다 나를 비웃으며 입술을 비쭉거리고 머리를 흔들며 말하되

⁸ 그가 여호와께 의탁하니 구원하실 걸, 그를 기뻐하시니 건지실 걸 하나이다

⁹ 오직 주께서 나를 모태에서 나오게 하시고 내 어머니의 젖을 먹을 때에 의지하게 하셨나이다

¹⁰ 내가 날 때부터 주께 맡긴 바 되었고 모태에서 나올 때부터 주는 나의 하나님이 되셨나이다

¹¹ 나를 멀리 하지 마옵소서 환난이 가까우나 도울 자 없나이다

¹² 많은 황소가 나를 에워싸며 바산의 힘센 소들이 나를 둘러쌌으며

¹³ 내게 그 입을 벌림이 찢으며 부르짖는 사자 같으니이다

¹⁴ 나는 물 같이 쏟아졌으며 내 모든 뼈는 어그러졌으며 내 마음은 밀랍 같아서

내 속에서 녹았으며

¹⁵ 내 힘이 말라 질그릇 조각 같고 내 혀가 입천장에 붙었나이다 주께서 또 나를

죽음의 진토 속에 두셨나이다

¹⁶ 개들이 나를 에워쌌으며 악한 무리가 나를 둘러 내 수족을 찔렀나이다

¹⁷ 내가 내 모든 뼈를 셀 수 있나이다 그들이 나를 주목하여 보고

¹⁸ 내 겉옷을 나누며 속옷을 제비 뽑나이다

¹⁹ 여호와여 멀리 하지 마옵소서 나의 힘이시여 속히 나를 도우소서

²⁰ 내 생명을 칼에서 건지시며 내 유일한 것을 개의 세력에서 구하소서

²¹ 나를 사자의 입에서 구하소서 주께서 내게 응답하시고 들소의 뿔에서 구원하셨나이다

²² 내가 주의 이름을 형제에게 선포하고 회중 가운데서 주를 찬송하리이다

²³ 여호와를 두려워하는 너희여 그를 찬송할지어다 야곱의 모든 자손이여 그에게 영광을 돌릴지어다 너희 이스라엘 모든 자손이여 그를 경외할지어다

²⁴ 그는 곤고한 자의 곤고를 멸시하거나 싫어하지 아니하시며 그의 얼굴을 그에게서 숨기지 아니하시고 그가 울부짖을 때에 들으셨도다

²⁵ 큰 회중 가운데서 나의 찬송은 주께로부터 온 것이니 주를 경외하는 자 앞에서 나의 서원을 갚으리이다

26 겸손한 자는 먹고 배부를 것이며 여호와를 찾는 자는 그를 찬송할 것이라 너희 마음은 영원히 살지어다

27 땅의 모든 끝이 여호와를 기억하고 돌아오며 모든 나라의 모든 족속이 주의 앞에 예배하리니

28 나라는 여호와의 것이요 여호와는 모든 나라의 주재심이로다

29 세상의 모든 풍성한 자가 먹고 경배할 것이요 진토 속으로 내려가는 자 곧 자기 영혼을 살리지 못할 자도 다 그 앞에 절하리로다

30 후손이 그를 섬길 것이요 대대에 주를 전할 것이며

31 와서 그의 공의를 태어날 백성에게 전함이여 주께서 이를 행하셨다 할 것이로다

시편 22편에는 절망과 찬양이 뒤섞여 있습니다. 먼저 1-21절을 살펴보세요. 그리고 절망과 신뢰가 앞서거니 뒤서거니 하는 모습에 주목해 보세요(1-2절, 3-5절, 6-8절, 9-11절, 12-21절, 22-31절을 차례대로 읽어보세요).

이 시편이 절망과 신뢰를 오가는 모습에 대해 생각해 보세요. 시편 저자는 어째서 이런 식으로 기록한 것일까요?

21절과 22절 사이에 시편의 어조가 갑작스럽게 뒤바뀌는 것에 주목해 보세요. 시편 저자의 모든 생각을 뒤바꾸어 놓은 일이 일어난 것이 분명합니다. 모든 시편들이 그렇듯이, 시편 22편 역시 저자의 생각을 뒤바꾼 일이 정확히 무엇인지 우리는 알 수 없습니다. 우리에게 남겨진 것은 감정과 어조, 관점과 태도의 변화뿐입니다.

 이런 변화에 대해 생각해 봅시다. 1-21절과 22-31절에서 세상을 바라보는 저자의 시각이 어떻게 달라졌는지 살펴보세요. 어쩌면 변화된 것은 실제 벌어진 일뿐만 아니라, 또한 시편 저자의 느낌과 감정이었을 수도 있습니다. 여러분은 이와 비슷한 경험을 한 적이 있나요? 실은 아무것도 변하지 않았는데도 상황을 이전과 다르게 느낀 적이 있나요?

흥미로운 이야기
복음서에서 예수님이 이 시편을 인용하실 때, 일반적으로 성경에 사용되던 공식적인 종교 언어인 히브리어가 아닌 일상 언어인 아람어로 인용하셨습니다.

¹ 내 하나님이여 내 하나님이여 **어찌 나를 버리셨나이까** 어찌 나를 멀리하여
돕지 아니하시오며 내 신음 소리를 듣지 아니하시나이까

이 시편의 시작 부분에 기록된 외침이 그토록 잘 알려진 데에는 그만
한 이유가 있습니다. 그 외침에 압축된 고통은 때로 우리 모두가 느끼는
완전한 절망을 표현하기 때문입니다.

"어찌 나를 버리셨나이까"라는 외침을 묵상해 보세요. 하나님
께서 정말로 시편 저자를 버리셨다고 생각하나요?

흥미로운 이야기
"신음 소리"(1절, "고통의 울부짖음" NIV)가 더 우아한 번역이긴 하지
만, 사실 히브리어로는 "부르짖는 말"이라고 되어 있습니다. 이는 저자
의 감정을 조금 더 적나라하게 전달합니다.

¹ 내 하나님이여 내 하나님이여 어찌 나를 버리셨나이까 **어찌 나를 멀리하여**

돕지 아니하시오며 내 신음 소리를 듣지 아니하시나이까

이 시편 전체를 관통하는 주제 중 하나는 하나님의 부재와 임재입니다. 시편 저자는 하나님으로부터 버림을 받았다고 느끼고 있습니다. 그러한 까닭에 하나님께 멀리 떨어져 계시지 말아 달라고 간청하고 있습니다.

이러한 주제를 시편 22편 곳곳에서 찾아보세요. 하나님의 부재에 대한 암시, 그리고 하나님의 임재를 향한 간구와 연관된 핵심 구절들을 적어 보세요. 여러분은 하나님께서 여러분을 버리셨다고 느낀 적이 있나요? 22편에서 가장 마음에 와 닿는 표현은 무엇인가요?

⁶ 나는 벌레요 사람이 아니라 **사람의 비방 거리요** 백성의 조롱 거리니이다

문제는 시편 저자가 하나님께서 자신을 버렸다고 느끼는 것뿐만이 아닙니다. 저자는 또한 주변 사람들이 자신을 괴롭히며 위협하고 있다고 느끼고 있습니다.

 다시 한 번 시편 22편 전체를 읽으며 방금 말한 주제를 찾아보세요. 시편 저자가 다른 사람들이 자신을 대하는 태도를 묘사하는 데 사용한 표현을 정리해 보세요.

흥미로운 이야기
6절에서 "벌레"로 번역된 히브리어 단어는 벌레 혹은 애벌레를 가리킵니다. 당시 벌레와 애벌레는 식물을 파괴하거나 시체를 먹는 것과 관련이 있었습니다. 따라서 오늘날 더 나은 번역어로는 구더기가 있습니다. 요컨대, 이 단어는 전혀 가치가 없는 대상을 가리킵니다.

¹⁴ 나는 물 같이 쏟아졌으며 내 모든 **뼈**는 어그러졌으며 내 **마음**은 밀랍 같아

서 내 속에서 녹았으며 ¹⁵ 내 **힘**이 말라 질그릇 조각 같고 내 **혀**가 입천장에

붙었나이다 주께서 또 나를 죽음의 진토 속에 두셨나이다

시편 저자가 신체를 통해 절망을 표현하는 방식에 주목해 보세요. 저

자는 뼈와 심장(개역개정에는 "마음"), 입(개역개정에는 "힘")과 혀로 절망을 느끼고

있습니다. 또한 "물 같이 쏟아졌으며"라는 표현을 보세요.

 저자가 자신의 감정을 묘사하기 위해 사용한 이미지를 떠올려
보세요. 여러분이라면 인생에서 가장 힘든 시기에 여러분의 신
체가 느끼는 아픔을 어떻게 묘사하겠습니까? 어떤 신체 부위
를 어떤 표현으로 묘사하겠습니까?

흥미로운 이야기

시편 22편은 인도자(director of music)를 따라 부르는 노래이며, 다
윗과 연관된 시편입니다. 또한 이 시편은 "새벽의 사슴"(아앨렛샤할)이
라는 곡조에 맞추어 부를 것을 명시하고 있습니다. 비파와 수금과 같은
악기로 반주하여 이 시편을 불렀다는 사실이 알려져 있습니다. 그러나
안타깝게도 그 선율에 대해서는 알려진 바가 거의 없습니다.

시편 22편의 저자는 하나님으로부터 버림받았다는 생각에 완전히 혼자가 된 것 같은 느낌을 받습니다. 저자는 자신을 대적하는 모든 사람들에게 에워싸여 있다고 말합니다. 그러나 22절부터는 구원의 기쁜 소식을 나누고 싶은 사람들에게 둘러싸여 있습니다.

 22절 이후부터 언급되는 사람들(집단)에 관한 생각을 적어 보세요. 그리고 앞서 나온 사람들과의 차이점을 적어 보세요.

시편 22편은 처음에는 '절망의 외침'으로 시작했다가 마지막에는 그 외침과 완전히 대조되는 '승리의 외침'으로 끝이 납니다. 다시 말해, "내 하나님이여 내 하나님이여 어찌 나를 버리셨나이까"(1절)로 시작해서 "주께서 이를 행하셨다!"(31절)로 마무리됩니다. 22편에는 가장 어두운 절망에서 영광스러운 소망에 이르기까지 한 인간이 느낄 수 있는 모든 감정이 담겨 있습니다.

기독교 공동체는 "내 하나님이여 내 하나님이여 어찌 나를 버리셨나이까"보다는 "주께서 이를 행하셨다!"라는 식의 감정 표현에 더 익숙한 경향이 있습니다. 우리는 어떻게 하면 절망과 슬픔을 더욱 진지하게 대할 수 있을까요?

시편 22편을 다시 천천히 읽어보세요. 그리고 눈에 띄는 표현들을 표시해 보세요. 처음 읽었을 때 눈에 띄었던 표현들과 같은가요? 다른가요? 이제 시편 22편의 묵상을 마무리하면서 스스로에게 다음의 세 가지 질문을 던져 보세요.

• 어떤 감정이 드나요?

• 어떤 생각을 하게 되었나요?

• 이제 어떤 기도를 하고 싶은가요?

Psalm 23

시편 23편은 가장 유명한 시편 중 하나입니다. 23편은 매우 다양한 선율에 맞춰져 왔기 때문에 가장 많이 부르고 기도하는 시편이기도 합니다. 어쩌면 가장 사랑받는 시편일지도 모릅니다. 물론 이러한 유형의 시편들이 더 있긴 합니다. 23편을 언뜻 보면 그저 푸른 풀밭과 푹신한 털을 가진 흰 양, 그리고 온화한 목자가 떠오릅니다. 이러한 이미지들이 담겨 있는 것은 사실이지만, 좀 더 자세히 살펴보면 그보다 훨씬 많은 일이 일어나고 있다는 것을 알 수 있습니다. 이를테면, 사방에 위험이 도사리고 있습니다. 또한 목자는 위협을 가하는 자들로부터 양을 보호하고 있습니다. 그리고 마지막에는 연회가 열립니다. 이 시편은 우리를 돌보시고 인도하시는 여호와 하나님에 대한 깊은 신뢰를 표현한 시편이지만, 또한 인생의 어려운 시기를 진지하게 받아들이는 시편이기도 합니다. 가는 길이 험하고 골짜기가 가장 어두운 시기 말입니다.

다윗의 시

¹ 여호와는 나의 목자시니 내게 부족함이 없으리로다

² 그가 나를 푸른 풀밭에 누이시며 쉴 만한 물 가로 인도하시는도다

³ 내 영혼을 소생시키시고 자기 이름을 위하여 의의 길로 인도하시는도다

⁴ 내가 사망의 음침한 골짜기로 다닐지라도 해를 두려워하지 않을 것은 주께서
    나와 함께 하심이라 주의 지팡이와 막대기가 나를 안위하시나이다

⁵ 주께서 내 원수의 목전에서 내게 상을 차려 주시고 기름을 내 머리에 부으셨으니
    내 잔이 넘치나이다

⁶ 내 평생에 선하심과 인자하심이 반드시 나를 따르리니 내가 여호와의 집에
    영원히 살리로다

가장 먼저 주목해야 할 것은 시편 23편에는 두 가지 핵심 주제가 있다는 것입니다. 우리가 일반적으로 기억하는 "여호와는 나의 목자"라는 주제만 있는 것이 아니고요, 중간에 다른 주제로 바뀝니다.

- 1-4절은 목자이신 하나님에 대해 묵상합니다.
- 5-6절은 손님에게 큰 잔치를 베푸는 너그러운 주인되신 하나님에 대해 묵상합니다.

 목자이신 하나님과 주인이신 하나님이라는 주제는 서로 어떻게 연결이 될까요? 그리고 시편 저자가 도중에 주제를 바꾼 이유가 무엇이라고 생각하나요?

또한 시편 저자가 중간에 하나님을 가리키는 데 사용하는 대명사를 바꾼다는 점에 주목하세요.

- 히브리어 원문을 보면 2-3절에서 하나님은 3인칭으로 언급됩니다. "여호와는 … 그가 나를 … (그가) 인도하시는도다 … (그가) 소생시키시고."
- 그러다가 4절 중반에서는 대명사가 2인칭 "당신"으로 바뀝니다. "당신이 나와 함께 하심이라 … 당신의 지팡이와 … 당신이 (내게 [잔칫]상을 차려 주시고)."[1]

 시편 23편의 첫 번째 단락(1-3절)과 두 번째 단락(4절 중반) 사이의 차이, 즉 하나님에 관하여 말하는 부분과 하나님께 직접 말하는 부분의 차이를 묵상해 보세요.

---

1 개역개정에는 "주께서 나와 함께 하심이라 … 주의 지팡이와 … 주께서"로 번역되어 있습니다 - 역주

¹ 여호와는 나의 목자시니 내게 부족함이 없으리로다

성경에서, 특히 시편에서 하나님은 종종 목자로 묘사됩니다. "요셉을 양 떼 같이 인도하시는 이스라엘의 목자여 귀를 기울이소서"(시 80:1), "여호와가 우리 하나님이신 줄 너희는 알지어다 그는 우리를 지으신 이요 우리는 그의 것이니 그의 백성이요 그의 기르시는 양이로다"(시 100:3).

당시 이스라엘에서 목자들은 흔하게 볼 수 있었으며 이는 심지어 지금도 마찬가지입니다. 목자들은 대개 이른 아침, 양떼를 이끌고 마을을 벗어나 건조하고 메마른 지역 속에서 작은 풀밭을 찾아 다닙니다. 흔히 목자들과 양떼를 상상하면 푸른 풀밭과 여름날의 평온한 이미지를 떠올리지만, 고대 세계의 목자들에게 현실은 그보다 훨씬 더 혹독했습니다. 대개 풀은 부족했고, 지상과 공중의 포식자들이 양떼 주위를 맴돌았습니다. 목자들이 할 일은 양을 먹일 풀을 찾는 것뿐만이 아니었습니다. 그들은 또한 양떼의 일거수일투족을 쫓아다니는 야생 동물과 독수리를 물리쳐야 했습니다.

 포식자들로부터 자기 양을 용감하게 지키시는 분으로서 하나님을 떠올려 보세요. 그리고 생각나는 것을 적어 보세요.

대부분의 번역본들은 시편 23편의 첫 구절을 "여호와는 나의 목자시니"라고 번역하지만, 사실 히브리어 원문은 "목자"라는 명사 대신에 "목양하다"라는 동사를 사용하고 있습니다. 따라서 문자 그대로 번역한다면 "여호와는 나를 목양하시니", "나를 먹이시니", "나를 목초지로 인도하시니", "나를 보호하시고 양육하시니" 정도가 됩니다. 다시 말해, 목자가 양에게 하는 행동을 하나님께서 우리에게 하십니다.

첫 구절을 "여호와께서 나를 목양하시니"라고 읽으면, 하나님을 바라보는 시각이 달라지나요? 만약 그렇다면 구체적으로 어떻게 달라지나요?

¹ 여호와는 나의 목자시니 내게 부족함이 없으리로다 ² 그가 나를 푸른 풀밭에 누이시며 쉴 만한 물 가로 인도하시는도다

시편 23편은 목자되신 여호와께서 하시는 일 다섯 가지를 밝힙니다.

- 나에게 필요한 것이 부족하지 않게 하십니다("내게 부족함이 없으리로다").
- 나에게 양식과 안식을 위한 장소를 제공하십니다("푸른 풀밭에 누이시며").
- 위험으로부터 자유로운 안식을 주십니다. 히브리어 단어는 그저 "잔잔한 물가"만을 가리키지 않습니다. 또한 완전히 안전하다는 것을 아는 데서 오는 안식을 가리키고 있습니다("나를 쉴 만한 물가로 인도하시는도다").
- 다시 살아있음을 느끼게 하는 깊은 회복을 제공하십니다("내 영혼을 소생시 키시고").
- 내가 갈 수 있는 최선의 길로 나를 인도하십니다("의의 길로 인도하시는도다").

 이 다섯 가지 하나님의 행동에 대해 묵상하는 시간을 가져보세 요. 여러분의 삶 가운데 하나님께서 이와 같이 일하셨던 때를 기억해 보세요.

⁴ 내가 **사망의 음침한 골짜기**로 다닐지라도 해를 두려워하지 않을 것은 주께서 나와 함께 하심이라 주의 지팡이와 막대기가 나를 안위하시나이다

4절은 이 시편이 자칫 진부해지지 않도록 도와줍니다. 하나님은 좋은 상황에서뿐만 아니라 최악의 상황에서도 우리를 목양하십니다. (히브리어 원문에 따르면) 4절에서 대명사가 3인칭 "그"에서 2인칭 "당신"으로 바뀌는 것에 주목하세요. 하나님의 임재가 가장 뚜렷하게 느껴지고, 하나님과의 관계를 가장 깊이 경험할 수 있는 때는 인생의 가장 어두운 시기입니다. 4절 끝에 "안위"로 번역된 단어 역시 중요합니다. 여기서 말하는 안위와 위로는 단순히 "괜찮아, 괜찮아, 다 잘 될거야" 정도가 아닙니다. 이 단어는 하나님의 임재 안에서 치명적인 위험과 직면할 수 있는 용기를 가리킵니다. "안위"라는 단어는 오랜 세월에 걸쳐 그 의미가 변해왔고 오늘날에는 연민이나 걱정과 주로 연결되는데요, 하지만 역사적으로 이 단어의 의미는 "용기"에 훨씬 더 가까웠습니다. 이 단어의 라틴어 어원은 com(함께) + fortis(힘)로서 "힘을 주다"라는 의미를 가지고 있습니다.

흥미로운 이야기
"아주 캄캄한"(개역개정에는 "사망의 음침한")으로 번역된 히브리어 단어는 "죽음의 그림자", 즉 치명적으로 위험한 시간을 가리키는 단어입니다. "아주 캄캄한"이라는 번역이 본래 히브리어 단어의 의미를 어느 정도 전달하기는 하지만, 그럼에도 히브리어가 함축하는 의미를 있는 그대로 전달할 수 있는 표현은 아직까지 없습니다. 이 상황에서 모든 차이를 만드는 것은 결국 하나님의 임재, 곧 "당신이(개역개정에는 "주께서") 나와 함께 하심이라"(4절)는 점에 주목하세요. 하나님의 임재가 있다고 해서 위험이 덜한 것은 아닙니다. 그러나 하나님의 임재가 있으면 그 시간을 견딜 수 있습니다.

4절의 이미지를 묵상해 보세요. 가장 캄캄하고 어두운 위험 속에서도 하나님의 임재는 우리에게 용기를 줍니다. 이러한 경험이 있다면 적어 봅시다.

⁵ 주께서 내 원수의 목전에서 내게 **상을 차려 주시고** 기름을 내 머리에 부으셨으니 내 잔이 넘치나이다 ⁶ 내 평생에 선하심과 인자하심이 반드시 나를 따르리니 내가 여호와의 집에 영원히 살리로다

시편 저자가 다른 은유를 사용하여 같은 주제를 말하고 있는 것인지, 아니면 잔치의 이미지가 주제를 더욱 발전시키고 있는 것인지 5-6절을 통해서는 판단하기 어렵습니다. 양식("당신이 내게 [잔칫]상을 차려주시고"), 위험으로부터 보호("내 원수의 목전에서"), 넘치는 풍성함("내 잔이 넘치나이다")이 묘사되고 있지만, 분명 그 이상의 무언가가 있습니다.

"내 평생에 선하심과 인자하심이 반드시 나를 따르리니"라고 말하는 6절의 전반부는 중요합니다. 다수의 시편 저자들이 원수들에게 쫓긴 경험을 이야기하는데요, 그러나 여기서 저자를 쫓는 것은 원수가 아니라 사랑입니다. 선하고 변함없고 끝없는 사랑이 저자를 쫓고 있습니다. 하나님께서는 힘들고 어려운 시기에만 우리와 함께 하시는 것이 아닙니다. 우리의 생애 전체에 걸쳐서 사랑으로 우리를 쫓아오고 계십니다.

 하나님의 사랑이 여러분을 쫓아다니는 모습을 떠올려 보세요. 여러분은 하나님의 그러한 사랑을 외면하거나 피하려고 했던 적이 있나요? 그렇게 행동한 이유는 무엇이었나요?

시편 23편을 다시 천천히 읽어보세요. 그리고 눈에 띄는 표현들을 표시해 보세요. 처음 읽었을 때 눈에 띄었던 표현들과 같은가요? 다른가요? 이제 시편 23편의 묵상을 마무리하면서 스스로에게 다음의 세 가지 질문을 던져 보세요.

• 어떤 감정이 드나요?

• 어떤 생각을 하게 되었나요?

• 이제 어떤 기도를 하고 싶은가요?

Psalm 40

어떤 면에서 보면 시편 40편은 22편과 유사합니다. 하나님에 대한 감사와 신뢰의 표현을, 도움을 간구하는 표현과 함께 엮어내고 있기 때문입니다. 차이가 있다면 그것들을 엮어내는 방식입니다. 시편 22편의 경우 간구와 신뢰를 앞뒤로 오갔습니다. 40편의 경우 두 가지 핵심 단락으로 구성되어 있는데요, 먼저 1-10절은 기도를 들으시고 응답하시는 하나님께 대한 감사를 담고 있으며, 11-17절은 하나님께 구원을 간구하는 내용을 담고 있습니다. 결과적으로 두 시편의 균형점이 다릅니다. 시편 22편은 완전한 절망에서 시작하여 그 절망 속에서 신뢰를 붙잡는 반면에, 40편은 감사로 시작하여 신뢰 가운데 도움을 간구합니다. 이것은 우리가 인생의 각기 다른 시기마다, 다른 방식으로 슬퍼하고 괴로워한다는 점을 상기시켜 줍니다. 우리가 어떤 시편들을 애가의 시편 혹은 감사의 시편으로 구분할 때, 흔히 '행복한 시편' 혹은 '슬픈 시편'과 같은 획일적인 범주를 떠올리기가 쉬운데요, 하지만 현실 속에서 우리는 기쁨과 슬픔을 다양한 형태로 표출합니다. 40편은 인간의 감정을 솔직하게 전달하며, 실제로 감정의 다양성을 반영하고 있습니다.

Journalling the Psalms

다윗의 시

인도자를 따라 부르는 노래

¹ 내가 여호와를 기다리고 기다렸더니 귀를 기울이사 나의 부르짖음을 들으셨도다

² 나를 기가 막힐 웅덩이와 수렁에서 끌어올리시고 내 발을 반석 위에 두사 내
걸음을 견고하게 하셨도다

³ 새 노래 곧 우리 하나님께 올릴 찬송을 내 입에 두셨으니 많은 사람이 보고 두려
워하여 여호와를 의지하리로다

⁴ 여호와를 의지하고 교만한 자와 거짓에 치우치는 자를 돌아보지 아니하는 자는
복이 있도다

⁵ 여호와 나의 하나님이여 주께서 행하신 기적이 많고 우리를 향하신 주의 생각도
많아 누구도 주와 견줄 수가 없나이다 내가 널리 알려 말하고자 하나 너무 많아
그 수를 셀 수도 없나이다

⁶ 주께서 내 귀를 통하여 내게 들려 주시기를 제사와 예물을 기뻐하지 아니하시며
번제와 속죄제를 요구하지 아니하신다 하신지라

7 그 때에 내가 말하기를 내가 왔나이다 나를 가리켜 기록한 것이 두루마리 책에 있나이다

8 나의 하나님이여 내가 주의 뜻 행하기를 즐기오니 주의 법이 나의 심중에 있나이다 하였나이다

9 내가 많은 회중 가운데에서 의의 기쁜 소식을 전하였나이다 여호와여 내가 내 입술을 닫지 아니할 줄을 주께서 아시나이다

10 내가 주의 공의를 내 심중에 숨기지 아니하고 주의 성실과 구원을 선포하였으며 내가 주의 인자와 진리를 많은 회중 가운데에서 감추지 아니하였나이다

11 여호와여 주의 긍휼을 내게서 거두지 마시고 주의 인자와 진리로 나를 항상 보호하소서

12 수많은 재앙이 나를 둘러싸고 나의 죄악이 나를 덮치므로 우러러볼 수도 없으며 죄가 나의 머리털보다 많으므로 내가 낙심하였음이니이다

¹³ 여호와여 은총을 베푸사 나를 구원하소서 여호와여 속히 나를 도우소서

¹⁴ 내 생명을 찾아 멸하려 하는 자는 다 수치와 낭패를 당하게 하시며 나의 해를 기뻐하는 자는 다 물러가 욕을 당하게 하소서

¹⁵ 나를 향하여 하하 하하 하며 조소하는 자들이 자기 수치로 말미암아 놀라게 하소서

¹⁶ 주를 찾는 자는 다 주 안에서 즐거워하고 기뻐하게 하시며 주의 구원을 사랑하는 자는 항상 말하기를 여호와는 위대하시다 하게 하소서

¹⁷ 나는 가난하고 궁핍하오나 주께서는 나를 생각하시오니 주는 나의 도움이시요 나를 건지시는 이시라 나의 하나님이여 지체하지 마소서

시편 40편은 확연히 구분되는 두 개의 단락으로 구성되어 있지만, 조금 더 자세히 살펴보면 실제로는 세 개의 단락으로 구성되어 있음을 알 수 있습니다.

- 1-3절: 시편 저자가 하나님을 기다렸다는 언급과 함께 하나님을 향한 신뢰와 감사가 담겨 있습니다. 하나님은 저자의 기도를 들으시고 새 노래를 주셨습니다.
- 4-10절: 시편 저자가 부른 새 노래가 담겨 있습니다.
- 11-17절: 새로운 위기가 닥쳐와 시편 저자가 도움을 간구합니다.

 지금 이 순간 여러분은 하나님께 어떤 노래를 부르고 있나요? 새 노래인가요 아니면 오래된 노래인가요?

시편 40편의 청중은 5절을 기점으로 바뀝니다. 처음에 시편 저자는 인간 청중을 향해서 하나님이 행하신 모든 일을 이야기합니다. 그리고 5절부터는 하나님을 향해서 직접 이야기합니다.

 여러분을 변화시킨 찬송가나 예배곡이 있나요? 그 노래가 여러분에게 어떤 영향을 미쳤나요? 시편 40편과 연관지어 생각해 봅시다.

¹ 내가 여호와를 기다리고 기다렸더니 귀를 기울이사 나의 부르짖음을 들으셨도다

시편 40편 초반부에 나오는 동사들을 알맞게 번역하는 것은 상당히 어려운 일입니다. 대개 번역가들은 "내가 끈기있게 기다렸다"(NIV, NLT, ESV, KJV, NRSV 등 대다수의 영어 번역본들은 I waited patiently로 되어 있습니다 - 역주)고 표현하지만, 히브리어는 문자 그대로 "내가 기다리고 기다렸다"라고 되어 있습니다. 어쩌면 인내심을 가지고 끈기있게 기다렸다는 암시 없이 그저 문자 그대로 번역하는 것이 더 나을 수도 있습니다. 더 정확하게 옮기자면, 시편 저자는 정말로 하나님을 갈망하며 간절히 기다렸다는 의미가 담겨 있습니다.

인내심을 가지고 끈기있게 기다리는 것과, 갈망하며 간절히 기다리는 것 사이에 차이가 있다고 생각하나요? 각각의 경우에 어떤 특징이 있을까요? 여러분은 요즘 무엇을 기다리고 있나요? 여러분의 기다림을 설명할 때 어떤 표현을 사용하겠습니까?

¹ 내가 여호와를 기다리고 기다렸더니 귀를 기울이사 **나의 부르짖음을 들으셨도다**

첫 구절의 핵심은 시편 저자가 과거에 하나님을 기다렸더니 하나님께서 그의 부르짖음을 들으신 경험이 있다는 것입니다. 그러므로 저자는 하나님께서 또다시 그렇게 하실 것이라고 확신합니다.

 하나님께서 특별히 가까이 계신다고 느껴진 때를 적어 보세요. 혹은 하나님께서 여러분의 기도에 응답해 주셨던 때를 떠올려 적어 보세요. 만일 여러분이 40편의 첫 구절과 비슷한 내용의 글을 쓴다면 뭐라고 쓸 것인가요?

⁵ 여호와 나의 하나님이여 **주께서 행하신 기적이 많고** 우리를 향하신 주의

생각도 많아 누구도 주와 견줄 수가 없나이다 내가 널리 알려 말하고자 하

나 너무 많아 그 수를 셀 수도 없나이다

5절 이후로 시편 저자는 청중을 바꾸어 하나님께 직접 이야기합니다. 저자가 부르는 "새 노래"(3절)는 많은 것을 포괄하는 표현입니다. 다시 말해 "새 노래"는 하나님의 모든 기적, 즉 하나님께서 시편 저자를 위해 행하신 일뿐만 아니라 세상에서 행하신 모든 일에 대해 이야기하는 노래를 가리킵니다.

> 앞서 나온 묵상에 이어서, 시편 저자와 같이 구체적인 사안(하나님께서 나를 위해 행하신 일)에서, 일반적인 사안(하나님께서 세상에서 행하신 모든 놀라운 일)으로 옮겨가 보세요. 그리고 여러분의 "새 노래" 가사를 써보세요.

흥미로운 이야기
7절에 나오는 "두루마리"라는 단어가 조금 낯선데요, 실제로 이것이 무엇인지에 대해서 여러 가지 견해가 있습니다. 크게 두 가지 견해가 있는데요, 하나는 이 두루마리가 신구약성경 곳곳에서 언급된 생명책에 해당하는 것으로 보는 견해입니다. 또 하나는 지금까지 기록되어 보존되어 온 감사의 노래를 가리킨다는 견해입니다.

⁷ 그 때에 내가 말하기를 **내가 왔나이다** 나를 가리켜 기록한 것이 두루마리 책
에 있나이다

"내가 여기 있나이다"(이는 히브리어 히네[니]의 번역어인데, 개역개정에는 생략되어
"내가 왔나이다"만 나옵니다 - 역주)라는 표현은, 하나님께서 누구를 보내야 할지
물으실 때 이사야가 "내가 여기 있나이다. 나를 보내소서!"(사 6:8)라고 대
답한 것을 연상시킵니다. 시편 40편의 맥락을 보면, 저자의 대답도 이와
비슷합니다. 6절에서 하나님은 하나님께서 요구하지 않는 것을 말씀하시
는데(시 40:6), 이에 시편 저자는 "(내가 여기 있나이다) 내가 왔나이다 … 내가
주의 뜻 행하기를 즐기오니"(시 40:7-8)라고 응답합니다. 시편 저자는 온전
히, 충만하게 임재하시는 하나님께 온 마음을 다하여 응답합니다.

 여러분이 "내가 여기 있나이다, 내가 왔나이다 … 내가 주의 뜻
행하기를 즐기오니"라고 하나님께 기도한다고 생각해 보세요.
설레일까요? 두려울까요? 그러한 기도를 하지 못하게 만드는
걸림돌은 무엇인가요?

흥미로운 이야기
15절에 사용된 영어 단어 "아하"(Aha, 개역개정에서는 "하하"로 번역
되었습니다 - 역주)는 히브리어 헤아흐(*heach*)에 가장 근접한 단어입
니다. 이 단어는 기쁨을 나타내는 표현으로서, 대적들이 저자가 처한
상황을 고소해 하는 감정을 전달하기 위한 의도로 사용되었습니다.

¹² **수많은 재앙이 나를 둘러싸고** 나의 죄악이 나를 덮치므로 우러러볼 수도 없으며 죄가 나의 머리털보다 많으므로 내가 낙심하였음이니이다

시편 저자가 현재 겪고 있는 재앙을 묘사하는 표현들에 주목해 보세요. "나를 둘러싸고", "나를 덮치므로." 이러한 표현들은 재앙에 쫓기다가 마침내 따라잡혀 붙잡힌 모습을 떠오르게 합니다.

시편 22편과 같이, 시편 40편의 저자 역시 자신이 받은 느낌을 지속적으로 묘사합니다. 이때 저자가 선택한 표현은 사람의 신체와 연관이 있습니다. "우러러볼 수도 없으며", "나의 머리털보다 많으므로", "내가 낙심하였음이니이다." 이처럼 40편은 우리가 우리 주변에서 일어나는 일에 압도당하고 두려움에 사로 잡힐 때 갖게 되는 감정적이고 육체적인 차원의 느낌을 잘 포착하고 있습니다.

 (현재 혹은 과거에) 여러분이 겪은 고난을 묘사한다면, 어떤 이미지를 사용하겠습니까?

¹⁷ 나는 가난하고 궁핍하오나 주께서는 나를 생각하시오니 **주는 나의 도움이**

시요 나를 건지시는 이시라 나의 하나님이여 지체하지 마소서

17절의 "주는 나의 도움이시요 나를 건지시는 이시니이다"라는 다소 간절한 표현과, 1절의 "귀를 기울이사 나의 부르짖음을 들으셨도다"라는 표현 사이의 서로 다른 느낌에 주목해 보세요. 저자는 1절에서 하나님에 대한 확신을 가지고 있었습니다. 그리고 마지막 17절에서는 하나님을 향해 애원하는 간절함을 나타내고 있습니다. 결국 두 상황 모두에서 자신을 사랑하고 구원하시는 하나님을 확신하고 있습니다.

 하나님에 대한 두 가지 다른 확신의 진술은 똑같이 유효합니다. 지금 여러분은 1절에 더 공감이 되나요? 아니면 17절에 더 공감이 되나요? 이에 대해 떠오르는 생각을 적어 봅시다.

시편 40편을 다시 천천히 읽어보세요. 그리고 눈에 띄는 표현들을 표시해 보세요. 처음 읽었을 때 눈에 띄었던 표현들과 같은가요? 다른가요? 이제 시편 40편의 묵상을 마무리하면서 스스로에게 다음의 세 가지 질문을 던져 보세요.

• 어떤 감정이 드나요?

• 어떤 생각을 하게 되었나요?

• 이제 어떤 기도를 하고 싶은가요?

시편 42편은 두 번째 모음집(42-72편)의 시작을 알리는 시편입니다. 42편은 두 번째 모음집의 핵심 주제 중 하나인 하나님을 향한 갈망을 이야기합니다. 많은 시편 저자들이 이 주제를 묵상하고, 그것이 그들의 삶 가운데 의미하는 바를 숙고했습니다. 두 번째 모음집에 속한 시편들은 때로 엘로힘 시편으로 불리기도 합니다. 왜냐하면 하나님을 여호와(*YHWH*, 일반적으로 하나님을 가리키는 이름이며, 영어로는 대개 '주님'[LORD]으로 번역됩니다)가 아닌, 엘로힘(*Elohim*, 보통 '하나님'[God]으로 번역됩니다)으로 부르고 있기 때문입니다. 두 번째 모음집에 속한 시편들에 '주님'이 전혀 나오지 않는다는 말이 아닙니다. 다만 다른 때보다 더 자주 '하나님'(혹은 종종 '주 하나님')이라는 호칭을 보게 될 것이라는 말입니다.

시편 42편과 43편은 하나의 시편으로 여겨지기도 합니다(하지만 우리는 42편만 살펴볼 것입니다). 두 시편에서 모두 "내 영혼아, 네가 어찌하여 낙심하며"라는 후렴구가 반복되기 때문입니다. 이 후렴구는 고난의 시기를 어떻게 살아내야 하는지에 대한 내면의 발화를 표현한다는 점에서 특히 더 인상적입니다.

시편 42편

고라 자손의 마스길

인도자를 따라 부르는 노래

1 하나님이여 사슴이 시냇물을 찾기에 갈급함 같이 내 영혼이 주를 찾기에 갈급
   하니이다

2 내 영혼이 하나님 곧 살아 계시는 하나님을 갈망하나니 내가 어느 때에 나아가서
   하나님의 얼굴을 뵈올까

3 사람들이 종일 내게 하는 말이 네 하나님이 어디 있느뇨 하오니 내 눈물이 주야로
   내 음식이 되었도다

4 내가 전에 성일을 지키는 무리와 동행하여 기쁨과 감사의 소리를 내며 그들을
   하나님의 집으로 인도하였더니 이제 이 일을 기억하고 내 마음이 상하는도다

5 내 영혼아 네가 어찌하여 낙심하며 어찌하여 내 속에서 불안해 하는가 너는 하나
   님께 소망을 두라 그가 나타나 도우심으로 말미암아 내가 여전히 찬송하리로다

⁶ 내 하나님이여 내 영혼이 내 속에서 낙심이 되므로 내가 요단 땅과 헤르몬과 미살 산에서 주를 기억하나이다

⁷ 주의 폭포 소리에 깊은 바다가 서로 부르며 주의 모든 파도와 물결이 나를 휩쓸 었나이다

⁸ 낮에는 여호와께서 그의 인자하심을 베푸시고 밤에는 그의 찬송이 내게 있어 생명의 하나님께 기도하리로다

⁹ 내 반석이신 하나님께 말하기를 어찌하여 나를 잊으셨나이까 내가 어찌하여 원수의 압제로 말미암아 슬프게 다니나이까 하리로다

¹⁰ 내 뼈를 찌르는 칼 같이 내 대적이 나를 비방하여 늘 내게 말하기를 네 하나님이 어디 있느냐 하도다

¹¹ 내 영혼아 네가 어찌하여 낙심하며 어찌하여 내 속에서 불안해 하는가 너는 하 나님께 소망을 두라 나는 그가 나타나 도우심으로 말미암아 내 하나님을 여전 히 찬송하리로다

시편 42편은 크게 두 부분의 애가(1-4절과 6-10절)로 구성되어 있으며, 일정한 간격을 두고 후렴구(5절과 11절)가 반복됩니다. 이 시편에서 눈에 띄는 점은 내용상 신뢰 혹은 감사의 표현이 없음에도 불구하고, 두 차례 반복되는 후렴구로 인하여 애가의 분위기가 밝아진다는 점입니다.

이 시편에서 후렴구(5절과 11절)가 발휘하는 효과에 대해 생각해 보세요. 여러분이 이 시편의 애가 부분을 읽을 때 후렴구가 영향을 미치나요? 구체적으로 어떤 영향을 미치나요?

물은 시편 42편의 두 애가 부분(1-4절과 6-10절)을 관통하는 핵심 이미지입니다. 실제로 시원한 시냇물에 대한 갈망에서부터, 깊은 바다가 주는 두려움에 이르기까지 다양한 방식으로 물이 표현되고 있습니다.

 42편 안에서 물이 어떻게 사용되고 있는지 살펴보세요. 물과 연관되어 사용된 다양한 표현들을 적어 보세요. 또한 이 시편에 사용된 물의 긍정적인 이미지 혹은 부정적인 이미지를 묵상해 보세요. 각각의 경우에 물이 무엇을 의미하는 것 같나요?

고라 자손의 마스길

시편 42편의 제목은 우리에게 두 가지 정보를 알려줍니다.

• 42편은 고라의 자손들 또는 고라 사람들과 연결되어 있습니다.
• 42편은 마스길(maskil)입니다.

민수기 26:58과 역대상 9:17-19에 따르면, 고라 자손들은 레위 족속의 주요 가문 중 하나였습니다. 그들은 성전의 일을 돕는 자들, 곧 성전의 음악을 담당하고 또한 성전을 지키는 문지기 역할을 하는 자들이었습니다. 민수기 16장을 보면, 고라가 모세와 아론의 권위에 의문을 제기한 것으로 보이지만, 이 시편이 증언하는 것처럼 그러한 일이 그의 후손들의 평판에는 그다지 영향을 미치지 않은 것 같습니다. 또한 당시 예배에 사용할 시편들을 만드는 성전의 음악가들이 존재했다는 것은 확실해 보입니다. 또 다른 고라 시편들로는 44-49편, 84-85편, 그리고 87-88편이 있습니다.

마스길이라는 단어는 무언가를 깊이 묵상하거나 주의를 기울인다는 개념과 관련이 있습니다.

42편은 무언가를 묵상하거나 깊이 생각하는 순간을 다룬 시편입니다. 이 시편을 읽고 나서 떠오르는 생각은 무엇인가요?

¹하나님이여 **사슴이 시냇물을 찾기에 갈급함 같이** 내 영혼이 주를 찾기에 갈급하니이다

시편 42편에 언급된 사슴은 아마도 19세기 말에 멸종하기 전까지 이스라엘에서 야생으로 돌아다니던 페르시아 다마사슴(fallow deer)일 것입니다(최근 야생에 다시 나타나기 시작했습니다). 무더운 중동의 여름날 야생 동물들은 정말로 이렇게 물을 찾아 마시기 위해 헐떡거렸을 것입니다. 이는 하나님께서 부재하시다고 느껴질 때, 하나님을 갈급해 하는 모습을 묘사하는 아주 강렬한 이미지입니다.

무더운 날 물을 마시기 위해 헐떡이는 야생 사슴의 모습을 떠올려 보세요. 여러분도 하나님과 동행하는 가운데 이러한 갈망을 느껴본 적이 있나요? 여러분이 가진 하나님에 대한 갈망을 여러분만의 언어로 표현해 보세요.

흥미로운 이야기
5절과 11절에서 "영혼"으로 번역된 단어는 히브리어 네페쉬(nephesh)입니다. 이 단어는 우리에게 생명을 가져다주는 것, 즉 생명력을 의미합니다.

⁴ 내가 전에 성일을 지키는 무리와 동행하여 기쁨과 감사의 소리를 내며 **그들을 하나님의 집으로 인도하였더니** 이제 이 일을 기억하고 내 마음이 상하는도다

　다른 많은 시편들과 마찬가지로, 우리는 42편의 배경이나 문맥에 대해 알지 못합니다. 그리고 4절에서 시편 저자가 전과 달리 성전에 가지 못하게 된 이유가 무엇인지도 알지 못합니다. 많은 사람들이 42편을 137편과 함께 읽어야 하는건 아닌지 고민합니다("우리가 바빌론의 여러 강변 거기에 앉아서 시온을 기억하며 울었도다"[시 137:1]). 실제로 137편은 주전 6세기 바빌론 유수로 인한 고통과 두려움을 반영하는 시편으로 보입니다.

　이스라엘 사람들에게 성전은 특별히 중요한 장소였습니다. 하나님과 가까워질 수 있는 장소였기 때문입니다. 실제로 성전은 많은 이들에게 하늘나라로 가는 입구 그 자체였습니다.

오늘날 기독교인들이 가진 성스러운 공간에 대한 이해와, 42편에 담긴 성전에 대한 이해는 다릅니다. 우리는 성스러운 건물 밖에서도 하나님을 예배할 수 있다고 믿습니다. 그럼에도 불구하고 (모두는 아니지만) 일부 기독교인들에게 건물은 예배라는 경험의 중요한 일부분입니다. 여러분의 예배 생활에 있어서 (성스러운) 공간은 어떤 의미인가요?

^{5. 11} **내 영혼아 네가 어찌하여 낙심하며** 어찌하여 내 속에서 불안해 하는가 너는

하나님께 소망을 두라 나는 그가 나타나 도우심으로 말미암아 내 하나님을

여전히 찬송하리로다

반복되는 후렴구에서 가장 눈에 띄는 특징 중 하나는 내면의 발화입니다. 어떤 면에서 보면 이러한 표현이 현대적인 방식으로 자아를 그려내는 것처럼 느껴지기도 합니다. 시편 저자의 내면에는 두 가지 상반된 목소리가 울리고 있는데요, 하나는 소망을 잃은 절망적인 목소리, 또 하나는 희망과 신뢰로 가득 찬 목소리입니다. 이 후렴구의 반복(43편에서도 반복됩니다)은 계속해서 되풀이되는 우리 내면의 투쟁을 연상시킵니다.

여러분도 이와 같은 내면의 발화를 경험한 적이 있나요? 시험과 어려움에 처했을 때 여러분의 내면의 발화는 보통 어떻게 이루어 지나요? 희망과 신뢰 쪽인가요? 아니면 소망을 잃은 절망 쪽인가요?

⁷ 주의 폭포 소리에 **깊은 바다가 서로 부르며**¹ 주의 모든 파도와 물결이 나를 휩쓸었나이다

시편 42편 후반부에서 물의 이미지는 시원한 시냇물로부터, 두려울 정도로 빠르게 휩쓰는 물로 뒤바뀝니다. 그리고 후자의 물은 폭포수의 굉음과 바다의 파도가 부서지는 소리를 결합시킵니다. 이것은 우리의 감정에 영향을 미치며 실제로 우리 내면을 동요시킵니다.

 바다나 폭포 혹은 물이 가득한 큰 강을 떠올려 보세요. 그러한 물의 이미지가 여러분에게 주는 느낌을 표현해 보세요. 여러분에게 절망감을 느끼게 하나요? 아니면 희망을 느끼게 하나요?

---

1   새번역성경에는 이 부분이 "주님께서 일으키시는 저 큰 폭포 소리를 따라 깊음은 깊음을 부르며"로 되어 있습니다 - 역주

구약성경에는 서로 다른 지형적 특성을 반영하는 두 가지 물 개념이 등장합니다. 하나는 사막에서 느끼는 물에 대한 갈망입니다. 또 하나는 물에 대한 공포, 이를테면 홍수가 주는 두려움 혹은 배를 난파시킬 수 있는 바다의 폭풍우가 주는 두려움입니다.

생기를 주는 물과 두려움을 주는 물에 대해 잠시 생각해 보세요. 지금 여러분에게 더 와 닿는 물은 어떤 물인가요? 왜 그런가요?

시편 42편을 다시 천천히 읽어보세요. 그리고 눈에 띄는 표현들을 표시해 보세요. 처음 읽었을 때 눈에 띄었던 표현들과 같은가요? 다른가요? 이제 시편 42편의 묵상을 마무리하면서 스스로에게 다음의 세 가지 질문을 던져 보세요.

• 어떤 감정이 드나요?

• 어떤 생각을 하게 되었나요?

• 이제 어떤 기도를 하고 싶은가요?

지금까지 살펴본 시편들 대부분은 각 개인의 시편들이었습니다. 즉, 개인이 가진 하나님에 대한 믿음을 담은 시편들이었습니다. 그렇기에 공동체가 가진 하나님에 대한 신뢰를 표현하는 46편이 더욱 중요한 의미를 갖습니다. 46편은 하나님의 백성 전체가 함께 모여 언제나 그들을 보호하시는 하나님에 대한 신뢰를 선포하고 있습니다. 물론 어떤 면에선 모든 시편이 공동체의 시편이라고 말할 수도 있습니다. 각 개인이 하나님의 모든 백성을 대표하여 말하고 있기 때문입니다. 하지만 한 사람이 모든 사람을 대표하여 말하는 것이 아니라, 하나님의 모든 백성이 함께 모여 애가를 부르거나 찬양을 부르는 시편들도 있습니다. 46편과 같이 말이지요.

46편을 읽고 그 배경에 놓인 특정한 사건을 정확히 알아내는 것은 불가능합니다. 그렇지만 아마도 국가적 비상 사태와 위기의 시기, 즉 국가 전체가 위협받는 시기에 쓰여진 것으로 보입니다. 그러한 위협에 대응하여 사람들은 "환난 중에 만날 큰 도움"(시 46:1)이신 하나님에 대한 믿음을 선포하기 위해 모였습니다.

46편은 오랜 세월 동안 많은 사람들에게 영감을 주었습니다. 특히 종교개혁자 마틴 루터(Martin Luther)는 이 시편을 바탕으로 '우리 하나님은 거대한 요새'(A Mighty Fortress is our God)라는 찬송을 만들기도 했습니다.

고라 자손의 시

인도자를 따라 알라못에 맞춘 노래

¹ 하나님은 우리의 피난처시요 힘이시니 환난 중에 만날 큰 도움이시라

² 그러므로 땅이 변하든지 산이 흔들려 바다 가운데에 빠지든지

³ 바닷물이 솟아나고 뛰놀든지 그것이 넘침으로 산이 흔들릴지라도 우리는 두려워하지 아니하리로다

⁴ 한 시내가 있어 나뉘어 흘러 하나님의 성 곧 지존하신 이의 성소를 기쁘게 하도다

⁵ 하나님이 그 성 중에 계시매 성이 흔들리지 아니할 것이라 새벽에 하나님이 도우시리로다

⁶ 뭇 나라가 떠들며 왕국이 흔들렸더니 그가 소리를 내시매 땅이 녹았도다

⁷ 만군의 여호와께서 우리와 함께 하시니 야곱의 하나님은 우리의 피난처시로다

⁸ 와서 여호와의 행적을 볼지어다 그가 땅을 황무지로 만드셨도다

⁹ 그가 땅 끝까지 전쟁을 쉬게 하심이여 활을 꺾고 창을 끊으며 수레를 불사르시는도다

¹⁰ 이르시기를 너희는 가만히 있어 내가 하나님 됨을 알지어다 내가 뭇 나라 중에서

　　높임을 받으리라 내가 세계 중에서 높임을 받으리라 하시도다

¹¹ 만군의 여호와께서 우리와 함께 하시니 야곱의 하나님은 우리의 피난처시로다

공동체의 시편들은 그 주제가 애도의 내용이든 혹은 신뢰의 내용이든 사람을 끄는 매력이 있습니다. 사실 오늘날 우리는 이런 방식으로 한데 모여 공동의 목소리를 내는 경우가 거의 없습니다. 우리의 슬픔이나 기쁨 혹은 하나님에 대한 신뢰를 공동의 목소리로 표현하는 경우는 흔치 않습니다. 공예배 중에 함께 부르는 찬송들이 있긴 하지만, 그것들조차 공동체보다는 각 개인에게 초점을 맞추는 경우가 많습니다.

공동체의 시편이라는 개념에 대해 묵상해 보세요. 여러분의 가족, 교회 또는 국가의 상황에 대해 생각해 보세요. 만일 여러분이 여러분이 속한 공동체와 함께 시편을 쓴다면, 어떤 내용을 쓸 것인가요?

시편 46편은 다음과 같이 세 부분으로 나뉩니다.

- 1-3절: 피난처가 되시는 하나님.

- 4-7절: 하나님의 성(city)과 그 모습.

- 8-11절: 하나님께서 행하신 일을 보도록 초대함.

 세 부분을 자세히 살펴보고 떠오르는 생각을 적어 봅시다. 세 부분이 서로 어떻게 연결되어 있는 것 같나요?

[1] 하나님은 우리의 **피난처**시요 힘이시니 환난 중에 만날 큰 도움이시라

1절에서 하나님은 다음과 같이 묘사됩니다.

- "피난처": 이 단어는 비나 추위를 피할 수 있는 피난처를 설명하는 데 가장 자주 사용됩니다.
- "힘": 이 단어도 "피난처"로 번역될 수 있으며 "강력한 보호"를 의미합니다.
- "환난 중에 만날 큰 도움": 도움이 필요할 때 구하러 온다는 뜻입니다.

이 세 단어는 우리가 필요로 할 때 우리를 지켜주시고 돌봐주시는 하나님을 가리키고 있습니다.

 폭우를 피할 수 있는 피난처, 위협과 위험으로부터의 강력한 보호, 환난에 처했을 때 큰 도움이라는 표현을 묵상해 보세요. 그리고 떠오르는 생각을 적어 보세요.

² **그러므로 땅이 변하든지** 산이 흔들려 바다 가운데에 빠지든지

2-3절은 아마도 지진이나 해일을 묘사하는 것 같습니다. 당시 이스라엘에서는 지진과 해일이 흔하게 일어났던 것 같습니다. 게다가 그 빈도가 잦아 틀림없이 자주 불안에 떨었을 것입니다. 시편 전체에서 대개 바다는 통제할 수 없고 혼란스러운 것으로 여겨집니다. 2-3절의 표현은 해일뿐만 아니라 바다에서 자주 발생하는 폭풍을 가리키기도 합니다. 그리고 그 가운데서 하나님은 바다의 혼돈에 맞서 모든 것을 통제하시는 분으로 묘사됩니다(복음서에서 예수님이 바다의 폭풍보다 더 강력하게 그분의 능력을 보여주신 기적을 생각해 보세요).

 세상이 여러분을 뒤흔들 때, 피난처(안전한 장소)에 대한 생각이 간절해질 것입니다. 관련된 경험이 있다면 적어 보세요. 그리고 '흔들리지 않는 것'하면 떠오르는 생각도 적어 보세요.

⁴ 한 시내가 있어 나뉘어 흘러 하나님의 성 곧 지존하신 이의 성소를 기쁘게 하도다

시편 42편과 비슷한 방식으로, 46편의 저자 역시 하나님의 성을 기준으로 기쁘고 즐겁게 만드는 시냇물과, 그와는 다른 종류의 물을 명확하게 대조합니다. 다시 말해, 성 밖의 바다는 큰 소리로 거품을 내뿜고 혼돈을 가져오지만, 성 안의 물은 시원하며 기쁨을 가져옵니다.

 1-3절의 혼돈을 가리키는 표현과, 4-5절의 차분하고 안정된 상태를 가리키는 표현을 각각 살펴보세요. 이러한 대조를 관찰하면서 떠오르는 생각들을 적어 보세요.

흥미로운 이야기
7절에서 하나님의 보호를 가리키는 또 다른 단어가 사용되었는데요, 바로 "요새"(개역개정에는 "피난처" - 역주)라는 단어입니다. 이 단어는 실제로 '높은 곳'을 의미합니다. 언덕 꼭대기에 있는 성은 다른 곳에 있는 성들보다 공격을 받지 않았기 때문에 매우 안전했습니다.

⁸ 와서 여호와의 행적을 볼지어다 그가 땅을 황무지로 만드셨도다

충분한 주의를 기울이지 않으면 하나님께서 얼마나 강력한 분이신지, 또 얼마나 우리를 세심하게 돌보는 분이신지 제대로 알기 어렵습니다. "와서 … 볼지어다"라는 표현은 우리로 하여금 하나님이 어떤 분이신지, 또 하나님께서 이 세상에서 어떤 일을 하셨는지에 대해 더욱 주목하여 보게 만듭니다.

 "와서 … 볼지어다"라는 표현을 묵상해 보세요. 지금까지 하나님께서 해오신 일들 중에서 여러분이 놓쳐 버린 것은 무엇인지 적어 봅시다.

흥미로운 이야기

알라못에 맞춘 노래: 시편 42편과 마찬가지로 46편도 고라 자손의 시편입니다(시편 42편 설명 참고). 알라못에 맞춘다는 지시 사항은 모든 시편을 통틀어 오직 이곳에만 나옵니다. 시편 외에는 역대상 15:20에서 "알라못에 맞추는" 방식으로 비파를 연주한다는 표현이 나옵니다. 이는 곧 선율을 가리킵니다. 어떤 사람들은 이 단어가 히브리어로 '젊은 여성'을 의미하기 때문에 여성의 목소리를 가리킨다고 주장하지만, 역대상에서 비파(현악기)를 가리키는 용도로 사용된 것을 보면 그저 높은 음조를 의미하는 것일지도 모릅니다.

⁹ 그가 땅 끝까지 전쟁을 쉬게 하심이여 활을 꺾고 창을 끊으며 수레를 불사르시는도다

기독교의 역사를 보면서 제기되는 질문 중 하나는 "하나님께서 전쟁을 멈추실 수 있다면, 왜 좀 더 자주 그렇게 하지 않으시는가?"입니다. 안타깝게도 이 질문에 대한 쉬운 해답은 없습니다. 도리어 더 많은 질문만 생길뿐이죠.

 누군가 여러분에게 이러한 질문을 던진다면, 어떻게 대답하겠습니까?

¹⁰ **이르시기를 너희는 가만히 있어 내가 하나님 됨을 알지어다** 내가 뭇 나라 중에서 높임을 받으리라 내가 세계 중에서 높임을 받으리라 하시도다

10절은 모든 시편을 통틀어 사람들이 가장 많이 인용하고 노래하는 구절 중 하나일 것입니다. 이 구절의 의미가 하나님이 선한 일을 행하실 것이기에 우리는 더 이상 세상에서 선을 행할 필요가 없다는 뜻이 아니라는 점에 주의해야 합니다. 이 구절은 때때로 그러한 방식으로 해석되어 왔습니다. 하지만 문맥을 살펴볼 때 그러한 해석은 잘못된 것임이 분명합니다.

히브리어 원문을 보면 이 구절은 가라앉거나 긴장을 푸는 모습을 가리킵니다. 결과적으로 이 구절은 우리가 통제할 수 없는 세상의 일들에 대해 걱정하고 두려움에 떨며 여기저기 분주하게 뛰어다니지 말고, 하나님이 누구이신지(를 아는 지식)에 더욱 매달리라는 의미로 보입니다.

 이 유명한 구절은 여러분에게 어떤 의미인가요?

시편 46편을 다시 천천히 읽어보세요. 그리고 눈에 띄는 표현들을 표시해 보세요. 처음 읽었을 때 눈에 띄었던 표현들과 같은가요? 다른가요? 이제 시편 46편의 묵상을 마무리하면서 스스로에게 다음의 세 가지 질문을 던져 보세요.

• 어떤 감정이 드나요?

• 어떤 생각을 하게 되었나요?

• 이제 어떤 기도를 하고 싶은가요?

시편 88편은 시편 전체를 통틀어 가장 황량하고 암울한 시편이라는 불명예를 가지고 있습니다. 다른 애가 시편들과는 달리 시편 88편은 처음부터 끝까지 황량하기만 합니다. 대부분의 애가 시편들은 시작이나 중간, 혹은 마지막에 절망에 대한 표현을 멈추고 하나님에 대한 신뢰나 확신을 표현합니다. 하지만 88편은 그렇지 않습니다. 더욱이 88편의 저자는 하나님이 자신을 버리신 것처럼 느낄 뿐만 아니라 애초에 모든 상황을 일으키신 분도 하나님이라고 생각합니다.

이 시편은 우리가 하나님께 할 수 없는 말이라는 것은 없다는 사실을 알려줍니다. 비록 응답이 주어지진 않지만, 시편 저자가 하나님께 퍼붓듯이 쏟아내는 말들은 정말로 중요합니다. 그러한 말들이 우리에게 다소 불편하게 느껴지더라도 우리는 그 말들을 깊이 묵상할 필요가 있습니다. 이 시편의 근본적인 메시지는 우리 마음속에 있는 것은 무엇이든 하나님께 말할 수 있다는 것입니다. 하나님께 하지 못할 말은 없습니다. 그렇다면 중요한 것은 우리가 하나님에게 무슨 말을 하느냐가 아니라, 최악의 상황에서조차 계속해서 하나님에게 말을 건넬 수 있느냐 하는 것입니다.

시편 88편

고라 자손의 찬송 시

에스라인 헤만의 마스길

인도자를 따라 마할랏르안놋에 맞춘 노래

¹ 여호와 내 구원의 하나님이여 내가 주야로 주 앞에서 부르짖었사오니

² 나의 기도가 주 앞에 이르게 하시며 나의 부르짖음에 주의 귀를 기울여 주소서

³ 무릇 나의 영혼에는 재난이 가득하며 나의 생명은 스올에 가까웠사오니

⁴ 나는 무덤에 내려가는 자 같이 인정되고 힘없는 용사와 같으며

⁵ 죽은 자 중에 던져진 바 되었으며 죽임을 당하여 무덤에 누운 자 같으니이다

   주께서 그들을 다시 기억하지 아니하시니 그들은 주의 손에서 끊어진 자니이다

⁶ 주께서 나를 깊은 웅덩이와 어둡고 음침한 곳에 두셨사오며

⁷ 주의 노가 나를 심히 누르시고 주의 모든 파도가 나를 괴롭게 하셨나이다

⁸ 주께서 내가 아는 자를 내게서 멀리 떠나게 하시고 나를 그들에게 가증한 것이 되게 하셨사오니 나는 갇혀서 나갈 수 없게 되었나이다

⁹ 곤란으로 말미암아 내 눈이 쇠하였나이다 여호와여 내가 매일 주를 부르며 주를 향하여 나의 두 손을 들었나이다

¹⁰ 주께서 죽은 자에게 기이한 일을 보이시겠나이까 유령들이 일어나 주를 찬송하리이까

¹¹ 주의 인자하심을 무덤에서, 주의 성실하심을 멸망 중에서 선포할 수 있으리이까

¹² 흑암 중에서 주의 기적과 잊음의 땅에서 주의 공의를 알 수 있으리이까

¹³ 여호와여 오직 내가 주께 부르짖었사오니 아침에 나의 기도가 주의 앞에 이르리이다

¹⁴ 여호와여 어찌하여 나의 영혼을 버리시며 어찌하여 주의 얼굴을 내게서 숨기시나이까

¹⁵ 내가 어릴 적부터 고난을 당하여 죽게 되었사오며 주께서 두렵게 하실 때에 당황하였나이다

¹⁶ 주의 진노가 내게 넘치고 주의 두려움이 나를 끊었나이다

¹⁷ 이런 일이 물 같이 종일 나를 에우며 함께 나를 둘러쌌나이다

¹⁸ 주는 내게서 사랑하는 자와 친구를 멀리 떠나게 하시며 내가 아는 자를 흑암에 두셨나이다

¹ 여호와 내 구원의 하나님이여 **내가** 주야로 주 앞에서 **부르짖었사오니**

시편 88편은 1-2절과 13절의 "부르짖음"(cry)이라는 표현과, 9절의 부름(call)이라는 표현을 중심으로 구성되어 있습니다. 특히 하나님을 향한 부르짖음이 반복되어 나타나는데요, 이것을 보면 누가복음에 나오는 탁월한 비유, 곧 재판관이 자신의 이야기를 들어줄 때까지 계속해서 조르고 괴롭히는 과부의 이야기가 떠오릅니다(눅 18:1-8). 이 시편도 마치 그런 느낌입니다. 시편 88편의 저자는 계속해서 하나님께 부르짖습니다. 결코 그 부르짖음을 멈추지 않습니다.

"부르짖다"와 "부르다"라는 표현이 계속해서 반복되는 것을 생각해 보세요. 어떤 이유로 시편 저자가 그렇게 했다고 생각하나요?

³ **무릇 나의 영혼에는 재난이 가득하며** 나의 생명은 스올에 가까웠사오니

3-9절과 15-18절은 시편 저자의 고뇌를 담고 있다는 점에서 서로를 반영하고 있습니다. 시편 저자가 후반부에서 다시 동일한 주제로 돌아온 다는 점을 기억하세요.

 시편 저자가 자신이 경험한 고통을 묘사하기 위해 사용한 다양한 표현들을 적어 보세요. 그리고 고난에 압도당하는 느낌이 어떤 느낌인지 적어 보세요

마할랏 르안놋에 맞춘 노래, 에스라인 헤만의 마스길

시편 88편은 가장 긴 제목을 가진 시편 중 하나입니다.

• 노래

• 시편 42편과 46편과 같은 고라 족속 혹은 '고라 자손'의 시편입니다(자세한 내용은 시편 42편 참조).

• 음악 감독

• **마할랏 르안놋**: 이 말이 무슨 뜻인지는 아무도 모르지만, 아마도 우리가 더 이상 들을 수 없는 선율(tune)을 가리키는 것 같습니다.

• **마스길**: 시편 42편과 마찬가지로 88편 역시 묵상이나 사색의 시편인 것으로 보입니다.

• **에스라 사람 헤만의 시**: 이 시편은 고라 자손들과 연관되어 있고, 또한 저자의 이름이 명시되어 있는데요, 만일 이 시편의 저자 헤만이 열왕기상 및 역대기에 언급된 헤만과 동일 인물이라면, 그는 음악가("찬양대장"[대상 6:33])이자 레위 사람이며 그핫 족속(Kohathite, 고라 족속과 동일할 수 있음)이었을 것입니다. 또한 그는 선지자로 구별되고(대상 25:1) 지혜로 명성이 높았던(왕상 4:31) 헤만일 수도 있습니다.

88편이 마스길 곧 묵상과 사색을 위한 시편이라면, 시편 저자
가 묵상하는 주된 내용은 무엇이라고 생각하나요?

시편 88편에서 눈에 띄는 대조 중 하나는 첫 구절과 나머지 구절들 사이의 대조입니다. 1절은 하나님에 대한 신뢰의 표현에 가깝습니다. 시편 저자는 장기적인 문제를 안고 있지만 그럼에도 여전히 하나님은 "내 구원의 하나님"이라고 선언할 수 있다고 느끼고 있습니다.

"여호와 내 구원의 하나님이여"라는 표현을 묵상해 보세요. 하나님께서 시편 저자를 고난에서 구원하기 위해 아직 아무것도 하지 않으신 것이 분명한데도 그러한 표현을 사용한 것이라면 결국 그 표현은 무엇을 의미한다고 생각하나요?

⁴ 나는 무덤에 내려가는 자 같이 인정되고 힘없는 용사와 같으며

여기서 시편 저자의 표현을 현대적으로 옮기면, "나는 죽은 것이나 다름없다" 정도가 될 것입니다. 저자는 지금 자신의 삶이 끝난 것처럼 느끼고 있습니다. 이것이 육체적인 상태를 말하는 것인지 아니면 감정적인 상태를 말하는 것인지는 명확하지 않습니다. 물론 그것을 구분하는 것이 중요한 문제는 아닙니다. 정확히 어떤 의미이든지 간에 결과는 동일하기 때문입니다.

4절과 15-16절을 보면, 시편 저자는 마치 절벽 끝에 매달려 있는 상태와 같습니다. 여러분 주변에 그러한 상태에 있는 모든 사람들을 위해 기도하는 시간을 가져보세요(만일 여러분이 그러한 상태에 있다면, 여러분 자신을 붙잡고 기도해 보세요).

⁸ 주께서 내가 아는 자를 내게서 멀리 떠나게 하시고 나를 그들에게 가증한 것이 되게 하셨사오니 나는 갇혀서 나갈 수 없게 되었나이다

절망의 한가운데서 시편 저자가 예민하게 느끼는 부분은 바로 친구를 잃었다는 사실입니다(8절과 18절 참조). 저자는 무엇보다도 홀로 길을 잃고 헤매는 외로움을 느끼고 있습니다.

 이 시편에 담긴 외로움에 대해 생각해 보세요. 그리고 세상 속에서 여러분이 느끼는 외로움에 대해 적어 보세요. 지금 혼자라고 느끼고 있을 사람들을 위해 기도해 보세요. 특별히 기도가 필요하다고 생각되는 사람들의 이름을 적어 보세요.

¹⁰ 주께서 죽은 자에게 기이한 일을 보이시겠나이까 유령들이 일어나 주를 찬송하리이까 ¹¹ 주의 인자하심을 무덤에서, 주의 성실하심을 멸망 중에서 선포할 수 있으리이까 ¹² 흑암 중에서 주의 기적과 잊음의 땅에서 주의 공의를 알 수 있으리이까

10-12절에는 여러 가지 수사학적 질문들이 담겨 있습니다. 모두가 하나님을 향해 던지는 질문들이며, 각각의 질문들에 대한 대답은 "아니오"입니다.

 수사학적 질문들을 묵상해 보세요. 만일 여러분이 시편 88편의 저자와 같은 감정을 느낀다면, 하나님께 어떤 질문들을 할 것 같은가요?

흥미로운 이야기

3절에 있는 히브리어 단어 중 종종 "죽음"으로 번역되기도 하는 단어가 있는데요, 바로 스올입니다. 구약성경 전체에서 스올은 죽은 사람이 가는 곳으로, 또한 마치 땅 밑에 있는 실제 장소처럼 묘사됩니다. 이는 우리가 흔히 생각하는 '지옥'과는 전혀 다릅니다. 스올에는 악마도 없고 불이나 어떤 종류의 형벌도 없습니다. 스올에 죽은 자들이 존재하기는 하지만(또한 흥미롭게도 그들은 여전히 하나님의 손길이 닿는 곳에 있습니다), 그들에게는 이제 아무런 일도 일어나지 않습니다. 이런 의미에서 "죽음"은 이 단어의 좋은 번역어입니다. 다음 구절인 4절에도 3절과 병행하는 개념이 담겨 있는데요, 곧 시편 저자는 이미 무덤/스올에 내려간 사람으로 간주되고 있습니다.

¹⁸ 주는 내게서 사랑하는 자와 친구를 멀리 떠나게 하시며 **내가 아는 자를 흑암에 두셨나이다**

앞서 언급했듯이 시편 88편은 도입부와 마찬가지로 결말 역시 완전한 어둠과 황량함 가운데서 끝이 납니다.

 이러한 결말은 여러분에게 어떤 생각이 들게 하나요? 여러분은 이러한 결말에도 공감이 되나요? 아니면 그저 실망스러운가요?

시편 88편을 다시 천천히 읽어보세요. 그리고 눈에 띄는 표현들을 표시해 보세요. 처음 읽었을 때 눈에 띄었던 표현들과 같은가요? 다른가요? 이제 시편 88편의 묵상을 마무리하면서 스스로에게 다음의 세 가지 질문을 던져 보세요.

• 어떤 감정이 드나요?

• 어떤 생각을 하게 되었나요?

• 이제 어떤 기도를 하고 싶은가요?

Psalm 104

시편 104편은 창조 시편들 중 하나입니다. 이 유형에 해당하는 시편들이 다루는 핵심적인 주제 중 하나는, 모든 영광과 찬란함을 지닌 피조물이 경이로움과 찬송으로 창조주를 향한 마음을 드러내는 것입니다. 창조의 경이로움을 되새기고, 그 모든 것을 존재하게 하신 하나님을 찬양하는 일에는 분명 강렬한 무언가가 있습니다. 20세기 찬송가인 '오 주 나의 하나님, 내가 경이로움을 느낄 때'(O Lord my God, when I in awesome wonder)는 이러한 창조 시편들의 찬양을 반향하고 있습니다. 시편 104편을 묵상하면서 그 찬송가를 부르거나 들어보세요.

시편 103편을 함께 살펴보는 것도 좋습니다. 104편은 창조주로서의 하나님의 위대하심을 찬양하는 반면, 103편은 하나님의 백성을 향한 하나님의 선하심과 돌보심을 찬양합니다. 종종 이 두 시편은 함께 읽어야 할 쌍둥이 시편으로 여겨지기도 합니다.

¹ 내 영혼아 여호와를 송축하라 여호와 나의 하나님이여 주는 심히 위대하시며
  존귀와 권위로 옷 입으셨나이다

² 주께서 옷을 입음 같이 빛을 입으시며 하늘을 휘장 같이 치시며

³ 물에 자기 누각의 들보를 얹으시며 구름으로 자기 수레를 삼으시고 바람 날개로
  다니시며

⁴ 바람을 자기 사신으로 삼으시고 불꽃으로 자기 사역자를 삼으시며

⁵ 땅에 기초를 놓으사 영원히 흔들리지 아니하게 하셨나이다

⁶ 옷으로 덮음 같이 주께서 땅을 깊은 바다로 덮으시매 물이 산들 위로 솟아올랐으나

⁷ 주께서 꾸짖으시니 물은 도망하며 주의 우렛소리로 말미암아 빨리 가며

⁸ 주께서 그들을 위하여 정하여 주신 곳으로 흘러갔고 산은 오르고 골짜기는 내려 갔나이다

⁹ 주께서 물의 경계를 정하여 넘치지 못하게 하시며 다시 돌아와 땅을 덮지 못하게 하셨나이다

¹⁰ 여호와께서 샘을 골짜기에서 솟아나게 하시고 산 사이에 흐르게 하사

¹¹ 각종 들짐승에게 마시게 하시니 들나귀들도 해갈하며

¹² 공중의 새들도 그 가에서 깃들이며 나뭇가지 사이에서 지저귀는도다

¹³ 그가 그의 누각에서부터 산에 물을 부어 주시니 주께서 하시는 일의 결실이 땅을 만족시켜 주는도다

¹⁴ 그가 가축을 위한 풀과 사람을 위한 채소를 자라게 하시며 땅에서 먹을 것이 나게 하셔서

¹⁵ 사람의 마음을 기쁘게 하는 포도주와 사람의 얼굴을 윤택하게 하는 기름과 사람의 마음을 힘있게 하는 양식을 주셨도다

¹⁶ 여호와의 나무에는 물이 흡족함이여 곧 그가 심으신 레바논 백향목들이로다

¹⁷ 새들이 그 속에 깃들임이여 학은 잣나무로 집을 삼는도다

¹⁸ 높은 산들은 산양을 위함이여 바위는 너구리의 피난처로다

¹⁹ 여호와께서 달로 절기를 정하심이여 해는 그 지는 때를 알도다

²⁰ 주께서 흑암을 지어 밤이 되게 하시니 삼림의 모든 짐승이 기어나오나이다

²¹ 젊은 사자들은 그들의 먹이를 쫓아 부르짖으며 그들의 먹이를 하나님께 구하다가

²² 해가 돋으면 물러가서 그들의 굴 속에 눕고

²³ 사람은 나와서 일하며 저녁까지 수고하는도다

²⁴ 여호와여 주께서 하신 일이 어찌 그리 많은지요 주께서 지혜로 그들을 다 지으

셨으니 주께서 지으신 것들이 땅에 가득하니이다

²⁵ 거기에는 크고 넓은 바다가 있고 그 속에는 생물 곧 크고 작은 동물들이 무수하

니이다

²⁶ 그 곳에는 배들이 다니며 주께서 지으신 리워야단이 그 속에서 노나이다

²⁷ 이것들은 다 주께서 때를 따라 먹을 것을 주시기를 바라나이다

²⁸ 주께서 주신즉 그들이 받으며 주께서 손을 펴신즉 그들이 좋은 것으로 만족하다가

²⁹ 주께서 낯을 숨기신즉 그들이 떨고 주께서 그들의 호흡을 거두신즉 그들은 죽어 먼지로 돌아가나이다

³⁰ 주의 영을 보내어 그들을 창조하사 지면을 새롭게 하시나이다

³¹ 여호와의 영광이 영원히 계속할지며 여호와는 자신께서 행하시는 일들로 말미암아 즐거워하시리로다

³² 그가 땅을 보신즉 땅이 진동하며 산들을 만지신즉 연기가 나는도다

³³ 내가 평생토록 여호와께 노래하며 내가 살아 있는 동안 내 하나님을 찬양하리로다

³⁴ 나의 기도를 기쁘게 여기시기를 바라나니 나는 여호와로 말미암아 즐거워하리로다

³⁵ 죄인들을 땅에서 소멸하시며 악인들을 다시 있지 못하게 하시리로다 내 영혼아 여호와를 송축하라 할렐루야

¹ 내 영혼아 여호와를 송축하라 여호와 나의 하나님이여 **주는 심히 위대하시며**
존귀와 권위로 옷 입으셨나이다

시편 104편의 구조는 흥미롭습니다.

1절 전반부는 하나님을 찬양하기 위해 "영혼"을 소환합니다. 그리고 1절 후반부는 하나님을 부릅니다("주님은 심히 위대하시며 존귀와 권위로 옷 입으셨나이다"). 시편 저자는 이후 22개의 절들(즉, 23절 끝까지)을 통해 창조주 하나님의 행적을 열거하고, 그 다음 24절에서 다시 하나님을 직접 부릅니다("여호와여 주께서 하신 일이 어찌 그리 많은지요").

이 22개의 절들(즉, 2-23절)을 자세히 살펴봅시다.

- 2-9절은 피조 세계의 기본 구조를 설명합니다(시편 저자는 다른 성경 저자들과 마찬가지로 땅의 기둥들이 있고, 땅은 물로 둘러싸여 있으며, 위에는 궁창이 있는 모습을 상상하고 있습니다).
- 10-18절은 물에 대해 주로 이야기하는데요, 특히 피조 세계의 많은 영역에서 물이 하는 역할에 초점을 맞춥니다.
- 19-23절은 낮과 밤의 시간을 탐구합니다.

처음부터 23절까지 제시된 모든 주제는 거시적인 주제, 즉 창조의 굵고 넓은 붓 터치에 가깝습니다.

24절은 거시적인 것에서 미시적인 것으로 시선을 전환합니다. 시편 저자는 다시 하나님을 찬양한 후 잠시 하나님의 '피조물들', 즉 바다에 사는 생물들(25절)과 바다 위를 항해하는 자들(26절)에게로 시선을 돌립니다.

2절부터 26절까지의 초점을 찾아보세요. 이 구절들에서 하나님은 어떤 분처럼 느껴지나요? 또한 피조 세계 안에서 하나님의 역할은 무엇이라고 생각하나요?

시편 104편의 저자는 상대적으로 짧은 중후반부(27-32절)에서 피조물들이 창조주 하나님을 (긍정적으로든 부정적으로든) 전적으로 의존하고 있음을 이야기합니다. 그리고 저자는 다시 한 번 하나님을 향한 개인적인 찬양으로 끝을 맺습니다(33-35절).

 27-32절을 다시 묵상해 보세요. 생명을 주기도 하시고 다시 거두어 가기도 하시는 하나님에 대한 전적인 의존감에 대해 묵상해 보세요. 여러분은 모든 것이 전적으로 하나님의 손에 달려 있다는 개념을 어떻게 생각합니까?

² 주께서 옷을 입음 같이 빛을 입으시며 하늘을 휘장 같이 치시며

시편 104편의 첫 단락(2-9절)은 하나님의 창조 행위를 묘사하기 위해 옷과 휘장, 병거(수레)와 날개의 이미지 등 강렬한 은유들을 사용합니다. 놀랍게도 이러한 언어 사용은 창조가 하나님이 누구이신지 드러내기도 하고 감추기도 한다는 것을 암시합니다.

무엇보다도 가장 눈여겨 보아야 할 부분은 창조의 위대한 신비를 묘사하기 위해 옷을 입고 천막(휘장)을 펼치는 등 일상적인 예를 사용한다는 점입니다. 만약에 제가 이 시편을 썼다면 좀 더 정교하고 장엄한 삽화를 넣었을지도 모릅니다. 그러나 하나님에게는 세상을 창조하는 일이 천막을 치는 것만큼이나 쉬운 일이었습니다. 이러한 사실을 인식하는 것은 의미가 있습니다.

 이 시편에서 어떤 이미지가 여러분의 상상력을 가장 많이 자극하나요? 떠오르는 이미지를 적거나 그려보세요.

⁹ **주께서 물의 경계를 정하여** 넘치지 못하게 하시며 다시 돌아와 땅을 덮지 못

하게 하셨나이다

혼돈으로부터 질서를 가져오시는 하나님이라는 주제는 많은 시편들 가운데 나타납니다. 시편 104편의 첫 단락(2-9절)은 세상이 형성되고 배치되는 방식을 선보입니다.

혼돈으로부터 질서와 생명을 꺼내어 선을 긋는 경계가 얼마나 중요한지 생각해 보세요. 여러분의 삶 속에서 가장 풍성한 생명이 나타나는 곳, 생기가 넘치는 곳은 어디인가요? 여러분의 삶 가운데 더 많은 생기와 질서가 필요한 영역은 어디인가요?

흥미로운 이야기
시편 104편은 제목이 없는 서른 네 편의 시편들 중 하나입니다(시 1, 2, 10, 33, 43, 71, 91, 93-97, 99, 104-107, 111-119, 135-137, 146-150). 이러한 시편들이 제목 없이 보존된 이유를 명확히 알 수는 없습니다. 제목이 없다는 것은 고유한 선율이나 형식이 없음을 의미합니다.

구약성경 전체에서 물은 길들여져야 하는 위험한 혼돈이면서, 동시에 생명과 양분의 원천입니다. 시편 104편은 다른 어떤 시편보다도 명확하게, 모순적으로 보이는 물의 두 특징 사이의 연관성을 보여줍니다. (깊은) 물은 위험하고 두려운 대상입니다. 하지만 창조 당시에도 그랬고 그 이후에도 계속 그랬던 것처럼, 하나님께서 길들이신다면 그 위험하고 두려운 물이 생명과 양분을 주는 물로 바뀌게 됩니다. 위험한 것을 안전한 것으로, 두려운 것을 좋은 것으로 바꾸시는 것은 바로 하나님입니다.

10-18절을 묵상해 보세요. 특히 하나님께서 물을 통해 생명을 주시는 데 사용된 표현을 묵상해 보세요. 하나님께서 여러분에게 두려운 대상을 생명과 양분을 주는 대상으로 변화시키신 적이 있나요? 그러한 경험이 있다면 적어 봅시다.

²⁴ 여호와여 주께서 하신 일이 어찌 그리 많은지요 주께서 지혜로 그들을 다 지으셨으니 주께서 지으신 것들이 땅에 가득하니이다

하나님이 창조하신 피조물들의 수와 다양성에 대한 반복이 몇몇 구절들에서 나타납니다.

실제로 24-27절은 하나님의 창조의 다양성을 찬양합니다.

• 하나님의 작품들은 '많다'(24절).

• '땅은 주님의 피조물들로 가득하다'(24절).

• 광활하고 넓은 바다에는 생물들이 가득하다(25절).

• 모든 피조물들은 하나님을 의존한다(27절).

 시편 저자에게 이러한 다양성이 중요했던 이유가 무엇이라고 생각하나요? 이것은 창조주 하나님에 대해 우리에게 무엇을 말해주나요?

²⁹ 주께서 낯을 숨기신즉 그들이 떨고 **주께서 그들의 호흡을 거두신즉** 그들은 죽어 먼지로 돌아가나이다 ³⁰ **주의 영을 보내어** 그들을 창조하사 지면을 새롭게 하시나이다

영어로 번역할 수는 없지만, 호흡을 뜻하는 히브리어(**루아흐**)와 영(Spirit)을 뜻하는 히브리어(**루아흐**)가 같기 때문에 29절의 끝과 30절의 시작은 언어유희입니다. 하나님께서 호흡/영을 거두시면 사람은 죽습니다. 하나님께서 호흡/영을 보내시면 새 생명이 창조되고 땅은 새로워집니다.

사도행전 속 오순절의 이야기를 떠올려 보세요. 하늘에서 바람이 불어와 모든 제자들이 성령으로 충만해졌습니다(행 2:1-2). 성령을 바람이나 호흡으로 묘사하는 것이 어떤 면에서 유익하다고 생각하나요?

³¹ 여호와의 영광이 영원히 계속할지며 **여호와는 자신께서 행하시는 일들로**
말미암아 즐거워하시리로다

시편 104편은 도입부와 마찬가지로 하나님을 찬양하며 끝이 납니다. 그런데 후반부의 31절이 눈에 띕니다. 하나님은 세상 가운데 기뻐하시기 위해 세상을 창조하셨습니다. 여기서 시편 저자는 하나님께서 당신이 만드신 세상을 계속해서 기뻐하시기를 기도합니다. 산도 떨게 만들 수 있는 능력을 가지신 하나님은 또한 당신의 피조물을 통해 기쁨을 얻으시는 분이십니다.

 여러분도 하나님의 피조물입니다. 하나님께서 여러분에게서 가장 기뻐하시는 부분은 무엇이라고 생각하나요?

시편 104편을 다시 천천히 읽어보세요. 그리고 눈에 띄는 표현들을 표시해 보세요. 처음 읽었을 때 눈에 띄었던 표현들과 같은가요? 다른가요? 이제 시편 104편의 묵상을 마무리하며 스스로에게 다음의 세 가지 질문을 던져 보세요.

• 어떤 감정이 드나요?

• 어떤 생각을 하게 되었나요?

• 이제 어떤 기도를 하고 싶은가요?

시편 118편은 111-118편의 모음집 가운데 마지막 시편입니다. 찬양(할렐)에 중점을 두고 있기 때문에 할렐(*hallel*) 혹은 할렐루야 시편으로 알려져 있기도 합니다. 118편은 전투에 나가 거의 패배할 뻔했지만 마지막 순간에 하나님의 구원을 받고 성전으로 돌아온 한 왕이 하나님의 도우심을 찬양하는 내용을 담고 있습니다.

시편 118편에는 복음서와 기독교 전통에서 중요하게 여겨진 구절들이 많이 있습니다. 물론 이 시편은 유대 전통 안에서도 중요합니다. 신약 시대 이후 118편은 유월절 식사 중에 낭송되었습니다. 식사 전에는 113-114편이 낭송되었고, 식사 마지막에는 115-118편이 낭송되었습니다. 유대 전통은 시편 118편을 초막절, 특히 7일 연속으로 행해지는 제단을 둘러싼 행진과 연관시킵니다. 이러한 전통이 예수님 시대 이후에 나타나기는 했지만, 어찌되었든 신약 시대에도 시편 118편이 잘 알려져 있었고 많은 사랑을 받았다는 것은 분명합니다.

시편 118편

¹ 여호와께 감사하라 그는 선하시며 그의 인자하심이 영원함이로다

² 이제 이스라엘은 말하기를 그의 인자하심이 영원하다 할지로다

³ 이제 아론의 집은 말하기를 그의 인자하심이 영원하다 할지로다

⁴ 이제 여호와를 경외하는 자는 말하기를 그의 인자하심이 영원하다 할지로다

⁵ 내가 고통 중에 여호와께 부르짖었더니 여호와께서 응답하시고 나를 넓은 곳에
세우셨도다

⁶ 여호와는 내 편이시라 내가 두려워하지 아니하리니 사람이 내게 어찌할까

⁷ 여호와께서 내 편이 되사 나를 돕는 자들 중에 계시니 그러므로 나를 미워하는
자들에게 보응하시는 것을 내가 보리로다

⁸ 여호와께 피하는 것이 사람을 신뢰하는 것보다 나으며

⁹ 여호와께 피하는 것이 고관들을 신뢰하는 것보다 낫도다

¹⁰ 뭇 나라가 나를 에워쌌으니 내가 여호와의 이름으로 그들을 끊으리로다

¹¹ 그들이 나를 에워싸고 에워쌌으니 내가 여호와의 이름으로 그들을 끊으리로다

¹² 그들이 벌들처럼 나를 에워쌌으나 가시덤불의 불 같이 타 없어졌나니 내가

여호와의 이름으로 그들을 끊으리로다

¹³ 너는 나를 밀쳐 넘어뜨리려 하였으나 여호와께서는 나를 도우셨도다

¹⁴ 여호와는 나의 능력과 찬송이시요 또 나의 구원이 되셨도다

¹⁵ 의인들의 장막에는 기쁜 소리, 구원의 소리가 있음이여 여호와의 오른손이 권능을 베푸시며

¹⁶ 여호와의 오른손이 높이 들렸으며 여호와의 오른손이 권능을 베푸시는도다

¹⁷ 내가 죽지 않고 살아서 여호와께서 하시는 일을 선포하리로다

¹⁸ 여호와께서 나를 심히 경책하셨어도 죽음에는 넘기지 아니하셨도다

¹⁹ 내게 의의 문들을 열지어다 내가 그리로 들어가서 여호와께 감사하리로다

²⁰ 이는 여호와의 문이라 의인들이 그리로 들어가리로다

²¹ 주께서 내게 응답하시고 나의 구원이 되셨으니 내가 주께 감사하리이다

²² 건축자가 버린 돌이 집 모퉁이의 머릿돌이 되었나니

²³ 이는 여호와께서 행하신 것이요 우리 눈에 기이한 바로다

²⁴ 이 날은 여호와께서 정하신 것이라 이 날에 우리가 즐거워하고 기뻐하리로다

²⁵ 여호와여 구하옵나니 이제 구원하소서 여호와여 우리가 구하옵나니 이제 형통

하게 하소서

²⁶ 여호와의 이름으로 오는 자가 복이 있음이여 우리가 여호와의 집에서 너희를

축복하였도다

²⁷ 여호와는 하나님이시라 그가 우리에게 빛을 비추셨으니 밧줄로 절기 제물을

제단 뿔에 맬지어다

²⁸ 주는 나의 하나님이시라 내가 주께 감사하리이다 주는 나의 하나님이시라 내가

주를 높이리이다

²⁹ 여호와께 감사하라 그는 선하시며 그의 인자하심이 영원함이로다

많은 목소리, 하나의 시편

대체로 학자들은 시편 118편 안에서 예배와 관련된 다양한 사람들의 목소리를 들을 수 있다는 데 동의합니다.

- 1-4절은 아마도 성전 제사장들의 부름, 곧 하나님께 예배를 드리라는 부름입니다.
- 5-19절은 전투에서 승리한 것에 대해 감사하기 위해 성전에 온 누군가 (아마도 왕)의 말에 초점을 맞추고 있습니다.
- 20-28절은 왕, 제사장들, 군중 등 여러 사람들의 목소리를 담고 있으며, 그 모두가 승리에 대해 감사하고 있습니다.
- 29절은 1절과 같이 이야기하며 끝을 맺습니다.

 위에서 구분한 단락들을 살펴보세요. 다양한 목소리들이 '들리나요?' 특히 목소리들이 많이 섞여 있는 20-28절에 주의를 기울여 보세요. 다른 목소리보다 더 공감되는 '목소리'가 있나요?

시편 118편은 초대 교회에서 중요하게 여겨졌는데요, 이는 118편이 신약성경에 얼마나 자주 인용되었는지를 보면 알 수 있습니다.

 118편을 보면서 이미 친숙한 구절들을 골라보세요. 확인이 필요하다면, 다음의 신약성경 구절들을 찾아보세요. 모두 시편 118편을 언급하고 있습니다. 히브리서 13:6과 마태복음 21:9, 42, 그리고 베드로전서 2:4, 7입니다. 118편이 신약성경 저자들에게 사랑을 받은 이유가 무엇이라고 생각하나요?

> [1] 여호와께 감사하라 그는 선하시며 그의 인자하심이 영원함이로다

118편의 첫 구절은 구약성경에서 흔히 찾아볼 수 있는 내용입니다(시 106:1; 107:1; 136:1; 대상 16:34; 대하 5:13; 7:3; 20:21 참조). 예배자들이 하나님의 선하심을 떠올리고 감사하도록 이끄는 내용입니다.

이후 다양한 그룹들이 어떻게 구분되는지 주목해 보세요. 곧 이스라엘(즉, 하나님의 백성), 아론의 집(즉, 제사장들), 그리고 여호와를 경외하는 자들로 나누어집니다. 마지막 그룹이 앞의 두 그룹(이스라엘과 아론의 집)을 합쳐서 가리키는 것인지, 아니면 이방인이지만 하나님을 예배하는 새로운 그룹을 가리키는 것인지는 명확하지 않습니다. 어느 경우든지 간에 문맥과 어울립니다.

그들이 정확히 누구였든 간에 중요한 점은, 그들이 모두 하나님의 헤세드(hesed)에 마땅히 감사해야 한다는 사실입니다. 헤세드는 구약성경 전체에서 가장 중요한 단어 중 하나인데요, 기본적으로 하나님의 변함없는 사랑, 결코 흔들리지 않는 사랑을 가리킵니다. 또한 자비라고 번역될 수도 있습니다.

시편 118편을 읽고 "사랑"(개역개정에는 "인자하심")이라는 단어가 나타나는 모든 곳에 동그라미를 치세요. 여러분의 삶에서 경험한 하나님의 변함없는 사랑, 결코 흔들리지 않는 사랑의 사례를 적어 봅시다.

⁵ 내가 고통 중에 여호와께 부르짖었더니 여호와께서 응답하시고 **나를 넓은** 곳에 세우셨도다

히브리어 원문으로 5절을 보면 NIV성경이 반영하려고 애쓴 언어유희가 선명하게 보입니다. "고통 중에"와 "넓은 곳"이 대조되고 있는데요, 다르게 표현하면, '좁은 궁지'와 '광활한 대지'정도가 될 것 같습니다.

 '궁지에 몰려 고통스러웠던' 시간이나 장소를 떠올려 보세요. 그런 다음 "넓은 곳"에 있는 것처럼 느껴졌던 시간이나 장소를 떠올려 보세요. 여러분만의 표현으로 두 경험의 차이를 묘사해 보세요.

¹⁴ 여호와는 나의 능력과 찬송이시요 또 나의 구원이 되셨도다

저자는 하나님께서 자신을 위해 행하신 일을 세 단어로 표현합니다.

- 능력: 이 단어는 힘, 담대함, 순수한 물리적 강함을 가리킵니다.
- 방어: 이 단어는 '힘'으로 번역될 수도 있습니다. 따라서 능력에 상당히 가까운 의미라 볼 수 있습니다. 또한 이 단어는 완전히 다른 의미 곧 '찬송'으로 번역될 수도 있습니다.
- 구원: 이 단어는 우리가 일반적으로 구원을 말할 때 사용하는 단어와 같은 단어입니다. 여기에서는 문자적인 의미 그대로 사용되고 있습니다. 하나님께서 재앙에서 구원해 주신 것입니다.

14절에서 시편 저자가 하나님을 가리켜 능력, 방어(혹은 찬송), 구원이라는 단어로 표현한 것을 묵상해 보세요. 여러분이라면 다음의 빈칸에 어떤 단어를 넣겠습니까? 그 이유도 함께 적어 봅시다.

- "여호와는 나의 (   )과/와 (   )이시요 또 나의 (   )이/가 되셨도다"

흥미로운 이야기
118편은 다른 할렐(*hallel*) 시편들과 같이 제목이 없습니다. 따라서 따로 구분된 선율과 형식이 없습니다. 이것은 118편이 (다윗과의 연관성을 암시하며) 왕에 초점을 맞추고 있다는 점에서 더욱 흥미롭습니다.

²² 건축자가 버린 돌이 집 모퉁이의 머릿돌이 되었나니

여기서 사용된 돌의 이미지가 아주 생생합니다(신약성경에서 예수님이 재차 사용하시는 이미지입니다. 마 21:42 참조). 건축물에 사용할 돌은 사용하기 전에 '옷을 입혔습니다'. 즉 돌을 크기에 맞게 잘랐습니다. 모르타르를 잘 사용하지 않았던 건축자들은 튼튼한 구조를 만들기 위해 다른 돌들과 잘 어울리는 돌을 골라냈습니다. 다른 돌들과 어울리지 않는 돌은 버려졌습니다. 머릿돌은 모퉁이의 기초 돌로서 그 위에 다른 돌들이 세워졌습니다. 다시 말해, 이 시편은 다른 돌들과 어울리지 않아서 버려진 돌이 이제 건축물의 다른 모든 돌들이 기대야 하는 돌이 되었음을 말하고 있습니다.

22절의 모습을 머릿속에 떠올려 보세요. 이 시편에서도 머릿돌은 무엇을 의미한다고 생각하나요? 그리고 이것을 신약성경의 예수님에게 적용해보세요. 여러분이라면 머릿돌 역할을 하시는 예수님을 어떻게 묘사할 것인가요?

²⁵ 여호와여 구하옵나니 이제 구원하소서 여호와여 우리가 구하옵나니 이제 형통하게 하소서 ²⁶ 여호와의 이름으로 오는 자가 복이 있음이여 우리가 여호와의 집에서 너희를 축복하였도다

"호산나"라는 단어는 기독교 예배에서 아주 중요한 단어가 되었습니다. 이 단어는 오로지 복음서에만, 곧 예수님이 예루살렘에 입성하실 때 군중이 소리내어 외치는 장면에만 나타납니다.

앞에서 가고 뒤에서 따르는 무리가 소리 높여 이르되 호산나 다윗의 자손이여 찬송하리로다 주의 이름으로 오시는 이여 가장 높은 곳에서 호산나 하더라(마 21:9).

이것은 시편 118:25-26을 사용한 것입니다. "이제 구원하소서"(시 118:25)로 번역된 히브리어 **호쉬아나**는 문자 그대로 "지금 구원하소서"라는 뜻입니다. 이 히브리어 글자들을 번역하지 않고 그리스어로 옮기면 "호산나"가 됩니다.

히브리어로는 "구원하소서"라는 뜻이지만 신약성경에 기록된 그리스어 음역의 경우 승리의 외침으로 사용된 것 같습니다. 그 차이를 묵상해 보세요. 이처럼 도움을 구하는 간구에서 승리의 함성으로 바뀐 것을 어떻게 생각하나요?

시편 118편을 다시 천천히 읽어보세요. 그리고 눈에 띄는 표현들을 표시해 보세요. 처음 읽었을 때 눈에 띄었던 표현들과 같은가요? 다른가요? 이제 시편 118편의 묵상을 마무리하며 스스로에게 다음의 세 가지 질문을 던져 보세요.

• 어떤 감정이 드나요?

• 어떤 생각을 하게 되었나요?

• 이제 어떤 기도를 하고 싶은가요?

시편 121편은 23편에 버금가는 인기를 누리는 시편입니다. 그 이유는 23편과 마찬가지로, 삶의 모든 위험 속에서도 하나님은 우리를 돌보시며 보호하신다고 안심시켜주는 메시지를 전하고 있기 때문입니다. 121편은 지극히 개인적인 사안에서부터("여호와께서 너를 실족하지 아니하게 하시며"[시 121: 3]) 국가적인 사안에 이르기까지("이스라엘을 지키시는 이"[시 121:4]), 그리고 다시 개인적인 차원에서 우주적인 차원에 이르기까지, 삶의 모든 측면이 하나님의 돌보심 안에 있음을 상기시켜 줍니다.

시편 121편의 제목([성전에]올라가는 노래)은 다른 열 네 편의 시편들(120-134편)과 마찬가지로, "올라가는 노래", 즉 3대 절기(유월절, 오순절, 초막절) 중 하나를 기념하기 위해 예루살렘으로 올라가는 순례자들이 부른 노래라는 것을 알려줍니다. 오늘날 이 시편의 1절은 언덕이나 산길을 올라가는 것을 즐기는 사람들, 그리고 여행을 즐기는 사람들에게 많은 사랑을 받고 있습니다. 일례로 데이비드 리빙스턴(David Livingstone)은 아프리카로 항해하기 전에 이 시편을 가족과 함께 읽었다고 합니다. 또한 2절도 중요한데요, 사도신경에 그대로 인용되기 때문입니다. 바로 "천지를 지으신 여호와" 입니다.

시편 121편

성전에 올라가는 노래

¹ 내가 산을 향하여 눈을 들리라 나의 도움이 어디서 올까

² 나의 도움은 천지를 지으신 여호와에게서로다

³ 여호와께서 너를 실족하지 아니하게 하시며 너를 지키시는 이가 졸지 아니하시
  리로다

⁴ 이스라엘을 지키시는 이는 졸지도 아니하시고 주무시지도 아니하시리로다

⁵ 여호와는 너를 지키시는 이시라 여호와께서 네 오른쪽에서 네 그늘이 되시나니

⁶ 낮의 해가 너를 상하게 하지 아니하며 밤의 달도 너를 해치지 아니하리로다

⁷ 여호와께서 너를 지켜 모든 환난을 면하게 하시며 또 네 영혼을 지키시리로다

⁸ 여호와께서 너의 출입을 지금부터 영원까지 지키시리로다

시편 118편과 마찬가지로, 학자들은 121편에서도 서로 다른 목소리들을 들을 수 있다고 이야기합니다. 단 121편에서는 두 가지 목소리만 들을 수 있습니다. 먼저 1-2절에서는 한 순례자의 목소리가 들립니다. 이 순례자는 주위를 둘러보는 가운데 자신에게 닥칠 위험을 두려워하고 있습니다. 그럼에도 순례자는 여행하는 동안 자신을 돌보신 하나님을 스스로에게 상기시킵니다. 그리고 3-8절에서는 하나님께서 돌보실 것이라고 순례자를 안심시켜주는 두 번째 인물의 목소리가 들립니다.

 1-2절과 3-8절 사이에 목소리가 바뀐 것을 묵상해 보세요. 각기 어떤 배경에서 그러한 목소리들이 나왔을 것이라고 생각하나요?

시편 120-134편은 모두 "올라가는 노래"라는 동일한 제목을 가지고 있습니다. 이들 시편은 대부분 언덕 위에 있는 예루살렘이나 시온을 언급하기 때문에, 결국 예루살렘으로 "올라간다"는 의미를 담고 있다고 볼 수 있습니다. 어떤 사람들은 이 열다섯 편의 시편들이 성전으로 가는 길에 부르기 위해 만들어졌다고 여기기도 합니다. 곧 그러한 목적에서 한데 모인 시편들이 함께 유입되었다는 것입니다.

 열다섯 편의 "올라가는 노래"(시편 120-134편)를 모두 읽어보세요. 시간이 없다면 121편만이라도 읽어보세요. 그러고 나서 순례라는 주제에 대해 떠오르는 생각을 적어 보세요.

[1] 내가 산을 향하여 눈을 들리라 나의 도움이 어디서 올까

이 구절에 대한 킹제임스성경(KJV)의 번역이 유명한데요.

"내가 언덕을 향하여 눈을 들리라 거기서 나의 도움이 임하리로다."

이 구절의 의미는 하나님이 언덕에 계시므로 그곳에서 도움을 내려주신다는 것입니다. 대부분의 현대 학자들은 이 구절이 진술이 아닌 질문("나의 도움이 어디서 올까?")일 가능성이 훨씬 더 높다고 지적합니다.

이 첫 구절을 이해하는 다른 두 가지 방법이 더 있는데요.

- 시편 저자에게 예루살렘으로 가는 도중에 있는 산과 언덕은 들짐승이나 강도들이 숨어 있을지도 모르는 두려움의 장소입니다. 시편 저자는 하나님께서 도움을 주시기를 바라며 희망 속에 눈을 듭니다.
- 산/언덕은 하나님이 거하시는 장소인 시온 산을 가리킵니다. 시편 저자는 거기에서 도움이 오기를 희망합니다(이는 KJV성경 번역에 훨씬 더 가깝습니다).

본질적으로 문제는 언덕이 위험을 암시하는지 아니면 힘과 도움에 대한 확신을 암시하는지 여부입니다. 시편 저자가 언덕을 두려워했을 수도 있습니다. 반면에 우리는 그곳에서 힘을 얻을 수도 있습니다.

 여러분이 아는 언덕이나 산에 대해 생각해 보세요. 그곳이 위험한 장소로 보이나요? 아니면 나를 안심시켜주는 장소로 보이나요? 이러한 주제를 담아 기도문을 작성해 보세요.

² 나의 도움은 **천지를 지으신** 여호와에게서로다

시편 저자는 하늘의 가장 높은 곳부터 땅의 가장 낮은 곳까지 온 세상을 지으신 하나님, 즉 하늘과 땅을 지으신 하나님으로부터 항상 자신을 돕는 도움이 온다고 스스로를 안심시키고 있습니다. 곧 순례자가 예루살렘으로 가는 도중 마주칠 수 있는 그 어떤 위험도 하나님은 능히 해결해 주실 수 있다는 것입니다.

 창조주이신 하나님과 도우미이신 하나님(즉, 우리가 필요로 할 때 우리를 도우러 오시는 하나님) 사이의 관계에 대해 생각해 보세요. 이것이 어떤 면에서 여러분에게 안심을 주나요?

³ 여호와께서 너를 실족하지 아니하게 하시며 너를 지키시는 이가 **졸지 아니하시리로다** ⁴ 이스라엘을 지키시는 이는 **졸지도 아니하시고** 주무시지도 아니하시리로다

3-4절은 하나님께서 순례자에게 도움을 주신다는 것이 구체적으로 무엇을 의미하는지 설명합니다.

- 하나님은 순례자가 헛발을 딛거나 걸려 넘어지지 않게 하신다.
- 하나님은 결코 졸거나 주무시지 않는다.

다시 말해, 하나님은 순례자가 안전하게 여행할 수 있도록 도우실 뿐만 아니라 또한 매일 매시간 지켜보신다는 것입니다.

 한 순간도 잠들지 않으시는 하나님의 끊임없는 사랑과 보호에 대한 말씀을 향해, 여러분이라면 어떻게 반응할 것인가요?

흥미로운 이야기
"졸다"라는 단어는 졸려하는 상태를 의미하기도 합니다. 이 이미지는 더운 여름날 무언가 일어나기를 기다리며 졸고 있는 모습을 가리킵니다. 그러나 하나님은 이런 분이 아닙니다. 하나님은 변함없는 사랑으로 우리를 지키시는 분입니다.

⁵ **여호와**는 너를 지키시는 이시라 여호와께서 네 오른쪽에서 네 그늘이 되시나니

히브리어 원문을 보면 3-4절에서 하나님은 대명사로 지칭됩니다. 하지만 5-8절에서는 여호와(YHWH)라고 불립니다. 이런 변화는 이전 (구절에서 말한) 사람과 다른 사람, 곧 하나님의 본성과 하나님께서 하시는 일에 대한 언급으로 순례자를 안심시키는 사람이 말하고 있음을 암시합니다.

5-8절에서 세 차례 반복되는 단어가 있는데요, '지키다'의 뜻으로 번역된 히브리어 쇼메르입니다. 이 히브리어 단어는 '보호하다, 안전하게 하다. 지키다'라는 뜻을 가지고 있습니다.

 하나님의 이름(여호와)과 '지키다'(보호하다)라는 단어가 반복될 때 나타나는 효과에 대해 생각해 보세요. 이러한 반복이 여러분에게 미치는 영향력을 적어 봅시다.

마지막 8절은 모든 여행에 대한 축복문으로 사용될 수 있습니다. 도움을 주시고, 넘어지지 않게 하시고, 잠들지 않으시는 하나님께서 문자 그대로 "지금부터 영원까지" (나갈 때나 들어올 때나) 여러분이 떠나는 모든 여정 가운데 함께 하시며 지켜주실 것입니다.

121편의 마지막 8절은 정말 아름답습니다. 여러분 주변에서 여행(여정)을 떠나는 사람들을 위하여 이 구절을 현대판 축복으로 바꾸어 표현해 보세요.

시편 121편을 다시 천천히 읽어보세요. 그리고 눈에 띄는 표현
들을 표시해 보세요. 처음 읽었을 때 눈에 띄었던 표현들과 같
은가요? 다른가요? 이제 시편 121편의 묵상을 마무리하면서
스스로에게 다음의 세 가지 질문을 던져 보세요.

• 어떤 감정이 드나요?

• 어떤 생각을 하게 되었나요?

• 이제 어떤 기도를 하고 싶은가요?

　　시편 130편은 1절의 "깊은 곳에서"라는 뜻의 라틴어 데 프로
푼디스(De Profundis)라는 이름으로 더 잘 알려져 있는데요. 이
표현은 위기 상황 속에서 하나님을 향한 간절한 부르짖음을 가리
킵니다. 130편은 슬픔과 상실을 표현하고 있기 때문에 역사적으
로 자주 장례식에서 사용되었습니다. 어떤 사람들은 이 시편을
129편과 함께 읽어야 한다고 주장하기도 합니다. 129편의 경우
이스라엘 사람들이 그들을 둘러싼 이들로부터 핍박을 받는 모습
을 묘사하고 있습니다. 그런데 129편을 단독으로 읽으면 다소 자
기 의에 빠진 오만한 시편처럼 느껴질 수도 있습니다. 그러나 저
자의 죄성을 인정하는 130편과 함께 읽으면 균형이 맞춰집니다.
130편에서 눈에 띄는 특징 중 하나는 저자가 하나님을 전적으로
의지한다는 것입니다. 하나님의 자비와 도우심이 가장 절실하게
필요할 때 그것을 구하고 의지합니다.

　　1절의 "깊은 곳에서"라는 표현을 보면 특별히 연상되는 것이
있습니다. 물론 그 표현은 오늘날 우리가 일반적으로 사용하는
표현은 아닙니다. 그럼에도 "깊은 곳에서"는 절망의 깊은 곳에 머
물 때 우리에게 남겨진 유일한 선택지가 바로 하나님께 간절히
부르짖는 것이라는 사실을 아름답게 담아내고 있습니다.

시편 130편

성전에 올라가는 노래

¹ 여호와여 내가 깊은 곳에서 주께 부르짖었나이다

² 주여 내 소리를 들으시며 나의 부르짖는 소리에 귀를 기울이소서

³ 여호와여 주께서 죄악을 지켜보실진대 주여 누가 서리이까

⁴ 그러나 사유하심이 주께 있음은 주를 경외하게 하심이니이다

⁵ 나 곧 내 영혼은 여호와를 기다리며 나는 주의 말씀을 바라는도다

⁶ 파수꾼이 아침을 기다림보다 내 영혼이 주를 더 기다리나니 참으로 파수꾼이

   아침을 기다림보다 더하도다

⁷ 이스라엘아 여호와를 바랄지어다 여호와께서는 인자하심과 풍성한 속량이

   있음이라

⁸ 그가 이스라엘을 그의 모든 죄악에서 속량하시리로다

이 시편의 역동성은 놀랍습니다. 시편 저자는 하나님께 부르짖으며 하나님의 일하심을 기다렸던 자신의 경험을 이스라엘에도 적용합니다.

- 1-2절은 하나님께 도움을 간구하는 내용입니다.

- 3-4절은 인간의 죄성을 인정하면서도 동시에 하나님의 용서에 대한 확신을 이야기합니다.

- 5-6절은 그러한 용서 덕분에 그저 하나님의 일하심을 기다리기만 하면 된다고 강조합니다.

- 7-8절은 이스라엘 전체를 향하여 시편 저자와 똑같이 행동할 것을 촉구합니다.

흥미로운 이야기
히브리어에서 하나님의 이름인 YHWH는 발음하여 읽지 않습니다. 대신 그 네 글자(테트라그라마톤)를 볼 때마다 "주님"이라고 말합니다. 때로 혼란스러운 것은 구약성경 안에서 하나님은 "주님"을 가리키는 보다 일반적인 단어, 곧 아도나이(*adonai*)로도 불린다는 것입니다. 다행히 영어 번역본을 보면 "주님"이 YHWH에서 번역된 것인지, 아니면 아도나이에서 번역된 것인지 어렵지 않게 구분할 수 있습니다. 전자는 대문자로 표기되어 있기 때문입니다. 즉, YHWH는 LORD로, 아도나이는 Lord로 표기되어 있습니다(개역개정은 전자를 "여호와"로, 후자를 "주(님)"로 옮겼습니다 - 역주)

앞서 나눈 네 단락을 묵상해 보세요. (두 절로 구성된) 한 단락
에서 다음 단락으로 넘어갈 때 어떤 점이 눈에 들어오나요?
7-8절은 나머지 부분들과 어떤 연관이 있는 것 같나요? 또한
다른 사람들이 하나님을 더욱 신뢰하도록 격려하기 위해 여러
분의 삶에서 경험한 사례를 사용해야 한다면, 어떤 이야기를
전하겠습니까?

전체적으로 시편 130편에는 (YHWH을 번역한) "여호와"(LORD)와 (아도나이 [adonai]를 번역한) "주"(Lord)가 번갈아가며 나타나는데요, 대체로 "여호와"가 먼저, "주"가 나중에 나타납니다.[1]

> 시편 130편을 주의 깊게 살펴보세요. 시편 저자가 "여호와"와 "주"를 각기 어디에 사용했는지 찾아보세요. "여호와"는 YHWH에서 번역된 하나님의 이름이고, "주"는 아도나이에서 번역된 표현입니다. 어떤 패턴이 보이나요? 시편 저자가 어떤 의도로 그러한 패턴을 사용했다고 생각하나요?

---

1   히브리어 원문을 보면 1절에 YHWH, 2절에 아도나이, 3절에 아도나이, 5절에 YHWH, 6절에 아도나이, 7절에 YHWH가 나타납니다 - 역주

제목

시편 130편은 121편과 마찬가지로 "올라가는 노래"라는 제목을 가지고 있습니다(자세한 내용은 121편의 설명 부분을 참조하세요).

 130편이 예루살렘 성전에서 하나님을 예배하기 위해 올라가는 길 위에서 읊조리는 시편임을 묵상해 보세요. 이 시편이 여러분의 예배에는 어떻게 사용될 수 있을까요?

"깊은 곳"이라는 단어는 대개 바다(사 51:10, 시 69:2 참조), 특히 혼돈을 가리키는 데 사용됩니다. 당시 사람들에게 바다는 하나님 외에는 억제하거나 통제할 수 없는 장소로 여겨졌습니다. 따라서 바다는 인생에서 어떤 일이 우리를 압도하는 것처럼 느껴질 때 특히 더 좋은 은유가 됩니다.

바다를 떠올려 보세요. 바다는 아름답기도 하고 무섭기도 합니다. 또한 고요하기도 하고 혼돈스럽기도 합니다. "깊은 곳에서" 여호와께 부르짖는다는 표현을 들으면, 어떠한 생각이 떠오르나요?

³ 여호와여 주께서 죄악을 **지켜보실진대** 주여 누가 서리이까 ⁴ 그러나 **사유하심이** 주께 있음은 주를 경외하게 하심이니이다

용서("사유하심")란 곧 "놓아주는 것"입니다. 저질러진 죄를 붙들고 늘어지지 않는 것이죠. 여기서 시편 저자는 하나님께서 죄를 지켜보시는 것과 용서하시는 것 사이의 차이에 대해 묵상하고 있습니다. 특히 "누가 서리이까?"(새번역에는 "누가 감히 맞설 수 있겠습니까?")라는 질문과 함께 3-4절을 보면 놀랍도록 생생한 이미지가 전달됩니다. 하나님께서 우리의 모든 죄를 놓아주지 않고 계속 붙들고 계신다면 결국 모든 사람들이 죄의 짐에 짓눌려 무너지고 말 것입니다.

3-4절이 주는 감정적인 영향, 즉 하나님께서 용서를 베푸실 때 오는 자유와, 그와 대조되는 죄의 무게에 대해 묵상해 보세요. 그리고 여러분과 연관된 부분이 있다면 기록해 보세요.

⁵ 나 곧 내 영혼은 **여호와를 기다리며** 나는 주의 말씀을 바라는도다 ⁶ 파수꾼

이 아침을 기다림보다 내 영혼이 **주를 더 기다리나니** 참으로 파수꾼이 아침

을 기다림보다 더하도다

"기다리다"라는 단어는 이 구절들을 이해하는 데 핵심적인 단어입니다. 이것은 헛된 희망으로 시간만 재는 수동적인 기다림이 아닙니다. 이것은 아주 적극적이고 능동적인 기다림입니다. 다시 말해, 먼 지평선에 눈을 고정하고 기다림의 대상이 반드시 올 것을 확신하며 온 몸과 온 마음을 다해 기다리는 것을 가리킵니다.

이러한 이미지에 대한 이해를 돕기 위해 시편 저자는 감시자 또는 파수꾼의 역할을 언급합니다. 파수꾼의 역할은 먼 지평선을 살피고 계속해서 경계를 늦추지 않음으로써 앞으로 닥칠 수 있는 모든 일에 대비하는 것입니다. "파수꾼이 아침을 기다림보다"라는 표현의 반복은, 그와 같이 시편 저자가 하나님을 기다리고 있으며, 하나님이 오실 것을 확신하고 있음을 강조합니다.

온 몸과 온 마음을 다해 무언가를 간절히 기다려 본 것이 마지막으로 언제였나요? 전화가 울리기를 기다린 적이 있나요? 편지가 도착하기를 기다린 적이 있나요? 그와 같은 기대감을 가지고 하나님을 기다리고 있나요?

⁷ 이스라엘아 여호와를 바랄지어다 여호와께서는 **인자하심**과 풍성한 속량이 있음이라 ⁸ 그가 이스라엘을 그의 모든 죄악에서 속량하시리로다

시편 130편은 이스라엘을 향한 권고 즉, 하나님에게는 변함없는 사랑과 모든 죄로부터의 구원하심이 있기 때문에 하나님을 소망해야 한다는 권고로 끝이 납니다. 이 시편에서 눈에 띄는 특징 중 하나는 외부적으로 어떤 것도 변했다는 암시가 없다는 것입니다. 변화된 것은 시편 저자의 태도뿐입니다. 그는 변화된 태도로 이스라엘 사람들에게 권고하고 있습니다.

 이것이 우리에게도 가능할까요? 1-2절에 나타난 절망에서 7-8절에 나타난 확신으로 태도를 바꾸려면, 우리는 어떻게 해야 할까요? 그러한 태도를 갖기 위해서 우리에게 필요한 것은 무엇일까요?

시편 130편을 다시 천천히 읽어보세요. 그리고 눈에 띄는 표
현들을 표시해 보세요. 처음 읽었을 때 눈에 띄었던 표현들과
같은가요? 다른가요? 이제 시편 130편의 묵상을 마무리하며
스스로에게 다음의 세 가지 질문을 던져 보세요.

• 어떤 감정이 드나요?

• 어떤 생각을 하게 되었나요?

• 이제 어떤 기도를 하고 싶은가요?

시편 137편은 여러모로 기억에 남을 만한 시편입니다. 단순히 비극적인 시작과 끔찍한 결말 때문만 아니라, 또한 윌리엄 월튼(William Walton)의 '벨사살의 잔치'(Belshazzar's Feast)에서부터 보니 엠(Boney M.)의 '바빌론의 강'(Rivers of Babylon) 커버곡에 이르기까지 여러 차례에 걸쳐 음악으로 만들어졌기 때문입니다. 앞에 있는 두 시편, 즉 135-136편과 함께 읽으면, 137편 마지막 부분에서 표출되는 분노가 더욱 두드러집니다. 감사 시편에 해당하는 135-136편은 하나님의 선하심과, 창조 세계 안에서 하나님께서 하시는 역할을 찬양합니다. 그래서인지 137편에서의 분위기 전환은 더욱 놀랍게 느껴집니다.

137편의 마지막 절을 예배 때 사용해도 괜찮은지를 두고 광범위한 논의가 이루어져 왔습니다. 많은 시편들이 이러한 종류의 구절에 괄호를 치기도 합니다. 해당 구절의 내용이 부적절하다고 느껴질 경우 굳이 예배에 사용할 필요가 없음을 표시하는 것입니다. 이런 구절을 빼야 한다는 사람들이 있는 반면에, 빼지 말고 반드시 넣어야 한다고 주장하는 사람들도 있습니다.

1 우리가 바빌론의 여러 강변 거기에 앉아서 시온을 기억하며 울었도다

2 그 중의 버드나무에 우리가 우리의 수금을 걸었나니

3 이는 우리를 사로잡은 자가 거기서 우리에게 노래를 청하며 우리를 황폐하게 한

   자가 기쁨을 청하고 자기들을 위하여 시온의 노래 중 하나를 노래하라 함이로다

4 우리가 이방 땅에서 어찌 여호와의 노래를 부를까

5 예루살렘아 내가 너를 잊을진대 내 오른손이 그의 재주를 잊을지로다

⁶ 내가 예루살렘을 기억하지 아니하거나 내가 가장 즐거워하는 것보다 더 즐거워

하지 아니할진대 내 혀가 내 입천장에 붙을지로다

⁷ 여호와여 예루살렘이 멸망하던 날을 기억하시고 에돔 자손을 치소서 그들의 말이

헐어 버리라 헐어 버리라 그 기초까지 헐어 버리라 하였나이다

⁸ 멸망할 딸 바빌론아 네가 우리에게 행한 대로 네게 갚는 자가 복이 있으리로다

⁹ 네 어린 것들을 바위에 메어치는 자는 복이 있으리로다

시편 137편은 종종 공동체 애가(즉, 개인이 아닌 집단의 애가)로 분류됩니다. 그러나 한 가지 눈에 띄는 점은 대부분의 공동체 애가는 고정된 형식과 구조를 가지고 있는 반면, 137편은 그렇지 않다는 것입니다. 이러한 점에서 137편은 다른 모든 시편들과 차이가 있습니다.

 137편의 세 단락(1-3절, 4-6절, 7-9절)을 살펴보세요. 각 단락에 제목을 붙인다면 어떤 제목을 붙이고 싶은가요?

137편은 이스라엘 백성이 바빌론에 포로로 끌려간 시기를 배경으로 하고 있거나, 적어도 그 시기를 회상하고 있는 것 같습니다. 주전 597년 유다 왕국은 느부갓네살 왕이 지휘하는 바빌론 군대에 포위되어 결국 패배했습니다. 반란에 대한 처벌로 유다 왕국 각계각층의 인사들이 주전 597년, 586년, 582년, 이렇게 세 차례에 걸쳐 바빌론으로 끌려갔습니다. 137편은 그 경험의 트라우마를 회상하는 시편입니다. 그러한 사건이 그들의 예배에 어떤 영향을 미쳤는지 보여주면서 말이죠.

 이스라엘 백성들은 국가적 트라우마를 회상하며 함께 137편을 노래로 불렀을 것입니다. 여러분이 다른 사람들과 함께 회상하며 슬퍼하는 트라우마는 무엇인가요? 그것을 어떻게 예배에 녹여낼 수 있을까요?

제목

137편도 원문에 제목이 없는 시편들 중 하나입니다.

 이 시편에 어떤 제목을 붙이고 싶은가요? 그 이유는 무엇인가요?

흥미로운 이야기
137편의 시편 저자는 두 명의 대적을 이야기하는데요, 바로 바빌론과 에돔입니다. 바빌론은 유다 사람들을 유배 보낸 나라였습니다. 에돔은 유다의 남동쪽에 위치한 가까운 이웃 나라였는데요, 오바댜에 따르면 에돔은 주전 587년에 바빌론이 예루살렘을 멸망시키고 성전을 약탈하는 것을 옆에서 돕는 역할을 했습니다. 그래서 137편에 에돔 역시 함께 언급되고 있는 것입니다.

우리가 **바빌론의 여러 강변** 거기에 앉아서 시온을 기억하며 울었도다

낯선 땅 바빌론의 강가에 앉아 울고 있는 하나님의 백성에 대한 묘사가 심금을 울립니다. 이 짧은 구절에서 우리는 그들이 땅과 집, 친구와 가족, 그리고 하나님을 예배하던 장소에 이르기까지 그들이 알고 있던 모든 것으로부터 떨어져 나왔을 때 겪었던 트라우마를 느낄 수 있습니다.

 이 시편에 나오는 하나님의 백성들이 겪었을 감정을 상상해 보세요. 예배를 드리던 성전에서 멀어지고, 강제로 집을 떠나게 되어 사랑하는 이들과 멀어졌을 때 어떤 감정을 느꼈을까요?

² 그 중의 버드나무에 우리가 우리의 **수금을 걸었나니**

2-3절은 흥미롭습니다. 이 구절은 성전 음악가들을 가리키는 것처럼 보입니다. 그들은 포로로 끌려오면서도 악기를 가지고 왔습니다. 하지만 이제 하나님의 성전으로부터 멀리 떨어져 더 이상 예배를 드릴 수 없다는 것을 깨달았습니다. 이 시편에서 성전 음악가들을 "사로잡은 자"와 "황폐하게 한 자"(시 137:3)가 그들을 괴롭힐 의도가 있었는지는 확실치 않습니다. 단순히 시편의 노래를 불러보라고 했을 수도 있습니다. 하지만 결과는 마찬가지였습니다. 성전 밖에서 시편을 불러보라는 요청은 그들의 상실감과 슬픔을 더욱 가중시킬 뿐이었습니다.

 시편 저자에게 노래와 예배는 밀접하게 연결되어 있었습니다. 그러나 오늘날 어떤 사람들은 찬양이 그다지 중요하지 않다고 생각합니다. 여러분은 예배에서 찬양이 얼마나 중요하다고 생각하나요?

흥미로운 이야기
여러 시편들을 통해 이미 보았듯이, 성전 예배에서 중요한 부분 중 하나는 바로 음악을 연주하는 것이었습니다. 레위인들은 성전 문지기, 성전 경비병이었을 뿐만 아니라 또한 성전 음악가이기도 했습니다. 여기서 수금을 걸어두었다는 언급은 이 시편을 노래하는 사람들이 레위인들이었다는 점을 암시합니다.

⁴ 우리가 이방 땅에서 어찌 여호와의 노래를 부를까 ⁵ **예루살렘아 내가 너를 잊을진대** 내 오른손이 그의 재주를 잊을지로다 ⁶ 내가 **예루살렘을 기억하지 아니하거나** 내가 가장 즐거워하는 것보다 더 즐거워하지 아니할진대 내 혀가 내 입천장에 붙을지로다

이 구절들은 예루살렘을 결코 잊지 않겠다는 시편 저자의 결연한 의지를 강렬하게 표현하고 있습니다. 만일 예루살렘을 잊어버린다면, 다음의 두 가지 일이 일어날 것이라고 이야기합니다.

- 오른손이 더 이상 수금을 연주할 수 없게 될 것이다.
- 혀가 더 이상 시편을 노래할 수 없게 될 것이다.

다시 말해, 시편 저자에게 음악은 예루살렘에서의 예배와 긴밀하게 연결되어 있습니다. 예루살렘을 잊어버리면 예배할 수 있는 모든 능력도 영원히 사라진다는 것입니다.

 하나님을 예배하기 위해 여러분에게 필요한 것은 무엇인가요? 여러분이 예배를 드리는 데 도움이 되는, 여러분의 '예루살렘'은 무엇인가요?

⁹ 네 어린 것들을 바위에 메어치는 자는 **복이 있으리로다**

시편 137편의 결말은 시편 전체에서 가장 문제가 되는 구절 중 하나입니다. 시편 저자는 바빌론과 에돔에 대한 복수를 끔찍한 방식으로 촉구하고 있습니다.

 7-9절을 묵상해 보세요. 여러분도 무언가에 대해 이 정도로 화가 난 적이 있나요? 시편 저자의 분노를 담은 표현들을 보면 어떤 기분이 드나요? 그 분노가 정당하다고 생각하나요?

또 다른 문제는 '공적인 예배에서 이러한 구절들을 어떻게 사용할 것인가?' 하는 문제입니다. 이 구절들을 있는 그대로 사용해야 할까요, 아니면 괄호 안에 넣어 버려야 할까요? 만일 여러분이 이 구절들을 예배에 그대로 사용하고자 한다면, 그 앞뒤에 어떤 말을 덧붙이고 싶은가요?

시편 137편을 다시 천천히 읽어보세요. 그리고 눈에 띄는 표현들을 표시해 보세요. 처음 읽었을 때 눈에 띄었던 표현들과 같은가요? 다른가요? 이제 시편 137편의 묵상을 마무리하며 스스로에게 다음의 세 가지 질문을 던져 보세요.

• 어떤 감정이 드나요?

• 어떤 생각을 하게 되었나요?

• 이제 어떤 기도를 하고 싶은가요?

Psalm 139

시편 139편은 여덟 편(138-145편)의 "다윗의 시"로 구성된 모음집에 속한 시편입니다. 그 중에서 두 번째로 나오는 시편이며, 상당히 인기가 많은 시편입니다. 139편은 우리가 하나님의 임재로부터 도망칠 수 있는 곳은 이 세상 어디에도 없으며, 우리는 알지만 하나님은 모르시는 것은 결코 있을 수 없음을 이야기합니다. 또한 우리를 돌보시는 하나님의 보살핌과 하나님의 지식을 깊이 묵상하는 시편입니다. 이 시편의 대부분(1-18절과 23-24절)은 하나님과 저자 사이에 존재하는 친밀함을 노래하는 온화하고 밝은 내용입니다. 이러한 이유로 19-22절에서 시편 저자가 갑작스럽게 원수들을 비난하는 어조를 선보이는 것이 훨씬 더 충격적으로 다가옵니다.

이 시편에서 가장 아름다운 부분 중 하나는 어머니의 모태에서부터 우리를 창조하신 하나님에 대해 이야기하는 부분입니다. 우리에 대한 하나님의 보살핌은 우리가 첫 숨을 쉬기 전부터 시작되어 마지막 숨을 쉬는 때까지 평생 동안 계속됩니다.

시편 139편

다윗의 시

인도자를 따라 부르는 노래

¹ 여호와여 주께서 나를 살펴 보셨으므로 나를 아시나이다

² 주께서 내가 앉고 일어섬을 아시고 멀리서도 나의 생각을 밝히 아시오며

³ 나의 모든 길과 내가 눕는 것을 살펴 보셨으므로 나의 모든 행위를 익히 아시오니

⁴ 여호와여 내 혀의 말을 알지 못하시는 것이 하나도 없으시니이다

⁵ 주께서 나의 앞뒤를 둘러싸시고 내게 안수하셨나이다

⁶ 이 지식이 내게 너무 기이하니 높아서 내가 능히 미치지 못하나이다

⁷ 내가 주의 영을 떠나 어디로 가며 주의 앞에서 어디로 피하리이까

⁸ 내가 하늘에 올라갈지라도 거기 계시며 스올에 내 자리를 펼지라도 거기 계시

　니이다

⁹ 내가 새벽 날개를 치며 바다 끝에 가서 거주할지라도

¹⁰ 거기서도 주의 손이 나를 인도하시며 주의 오른손이 나를 붙드시리이다

¹¹ 내가 혹시 말하기를 흑암이 반드시 나를 덮고 나를 두른 빛은 밤이 되리라 할지라도

¹² 주에게서는 흑암이 숨기지 못하며 밤이 낮과 같이 비추이나니 주에게는 흑암과 빛이 같음이니이다

¹³ 주께서 내 내장을 지으시며 나의 모태에서 나를 만드셨나이다

¹⁴ 내가 주께 감사하옴은 나를 지으심이 심히 기묘하심이라 주께서 하시는 일이 기이함을 내 영혼이 잘 아나이다

¹⁵ 내가 은밀한 데서 지음을 받고 땅의 깊은 곳에서 기이하게 지음을 받은 때에 나의 형체가 주의 앞에 숨겨지지 못하였나이다

¹⁶ 내 형질이 이루어지기 전에 주의 눈이 보셨으며 나를 위하여 정한 날이 하루도 되기 전에 주의 책에 다 기록이 되었나이다

¹⁷ 하나님이여 주의 생각이 내게 어찌 그리 보배로우신지요 그 수가 어찌 그리 많은지요

¹⁸ 내가 세려고 할지라도 그 수가 모래보다 많도소이다 내가 깰 때에도 여전히 주와 함께 있나이다

¹⁹ 하나님이여 주께서 반드시 악인을 죽이시리이다 피 흘리기를 즐기는 자들아 나를 떠날지어다

²⁰ 그들이 주를 대하여 악하게 말하며 주의 원수들이 주의 이름으로 헛되이 맹세하나이다

²¹ 여호와여 내가 주를 미워하는 자들을 미워하지 아니하오며 주를 치러 일어나는 자들을 미워하지 아니하나이까

²² 내가 그들을 심히 미워하니 그들은 나의 원수들이니이다

²³ 하나님이여 나를 살피사 내 마음을 아시며 나를 시험하사 내 뜻을 아옵소서

²⁴ 내게 무슨 악한 행위가 있나 보시고 나를 영원한 길로 인도하소서

시편 139편은 네 단락으로 나누어집니다. 첫 번째 단락(1-6절)은 우리에 대한 하나님의 지식을 이야기하고("나를 아시나이다"), 두 번째 단락(7-12절)은 하나님의 임재로부터 결코 벗어날 수 없다는 내용을 다룹니다. 세 번째 단락(13-18절)은 태어날 때부터 우리를 알고 계시는 하나님의 앎을 묘사하고, 네 번째 단락(19-24절)은 악인들에 대한 폭력적인 정죄를 언급합니다.

139편의 네 단락(1-6절, 7-12절, 13-18절, 19-24절)을 각각 살펴 봅시다. 각 단락에 어떤 제목을 붙이고 싶나요? 또한 각 단락의 주된 초점은 무엇일까요? 각 단락의 주된 초점을 가장 잘 담고 있다고 생각되는 단어들을 적어 보세요.

· 단락 1 (1-6절)

· 단락 2 (7-12절)

· 단락 3 (13-18절)

· 단락 4 (19-24절)

앞서 언급했듯이 19-22절은 다소 충격적인 내용입니다. 더욱이 그 내용이 갑자기 불쑥 나타났다가 다시 빠르게 사라지는 것처럼 보이기 때문에 그 충격은 더욱 배가 됩니다.

• 어떤 이들은 19-22절이 139편 전체의 핵심 목적이라고 생각합니다. 시편 저자는 하나님이 자신을 얼마나 잘 아시는지를, 그리고 자신(시편 저자)은 옳은 반면 적들은 그렇지 않다는 것을 강조하고 있다는 것입니다.

• 또 어떤 이들은 19-22절이 139편의 나머지 부분들과 전혀 어울리지 않으므로 후대에 추가된 것이라고 생각합니다. 나머지 부분들의 경우 하나님과 시편 저자 사이의 친밀감을 온화하게 드러내고 있기 때문입니다.

 19-22절을 묵상해 보세요. 여러분은 이 단락이 139편 전체와 어울린다고 생각하나요? 여러분은 139편이 무엇에 관한 내용이라고 생각하나요?

제목

139편은 다윗이 직접 썼거나 혹은 다윗에게 헌정된 소위 '다윗의 시'입니다. 어느 쪽이든 간에 '다윗의'라는 제목은 그의 삶의 맥락에서 이 시편을 살펴봐야 한다는 점을 일깨워 줍니다.

 다윗을 염두에 두고 이 시편을 살펴보세요. 여러분이 다윗과 다윗의 삶에 대해 알고 있는 내용과 어떤 부분에서 들어맞는 것 같나요? 다윗의 생애 가운데 다윗이 이 시를 불렀을 법한 특정한 시기가 떠오르나요? 이에 대한 정보가 필요하다면, 다음의 성경 구절들을 살펴보세요(사무엘상 16:1-13, 18:1-30, 사무엘하 11:1-12:25, 18:6-19:8, 열왕기상 2:10-12).

¹ 여호와여 주께서 나를 살펴 보셨으므로 **나를 아시나이다**

"알다"라는 단어는 139편에서 6회(1, 2, 4, 6, 14, 23절) 사용되며, 다른 단어들과 함께 우리를 아시는 하나님의 지식을 전달합니다.

> 우리를 아시는 하나님과 관련된 모든 표현들을 찾아보세요, 그리고 그 표현들이 하나님에 대해, 그리고 우리 자신에 대해 무엇을 말해 주는지 생각해 보세요. 하나님이 여러분을 잘 아신다는 사실이 여러분에게 어떤 영향을 미치나요?

7-12절의 핵심은 땅 위든 땅 아래든 하나님의 사랑과 임재를 벗어나는 곳은 그 어디에도 없다는 것입니다. 7절에서 "주의 앞에서"로 번역된 히브리어 단어의 문자적 의미는 "얼굴"입니다. 어떤 의미에서 이 구절은 하나님과 숨바꼭질을 한다면 그것이 어떤 모습일지를 보여줍니다. 물론 우리가 하나님으로부터 숨는 것은 불가능한 일입니다. 높은 곳이든 낮은 곳이든, 먼 곳이든 가까운 곳이든 하나님의 시선을 피할 수 있는 곳은 이 세상 그 어디에도 없기 때문입니다.

 하나님으로부터 숨는 모습을 생각해 보세요. 여러분은 지금 삶의 어떤 영역에서 하나님으로부터 숨고 있나요?

¹³ 주께서 내 내장을 지으시며 나의 모태에서 **나를 만드셨나이다**

13-16절은 인간의 몸과 정체성에 대한 심도 있는 묵상입니다. 또한 하나님의 눈에 비친 인간의 가치에 대한 놀라운 묵상이기도 합니다.

 13-16절의 말씀이 여러분에게 완전히 스며들게 해보세요. 여러분 자신의 몸에 대해 생각하면 떠오르는 단어나 아이디어를 13-16절의 용어들로 적어 보세요. 여러분은 여러분 자신의 몸에 대해 어떻게 생각하나요? 시편 저자처럼 "나를 지으심이 심히 기묘하심이라"고 말할 수 있나요?

흥미로운 이야기
"떠서 만들다"(knit, 개역개정에는 "만드셨나이다")로 번역된 히브리어 단어는 보통 '함께 엮어서 만들다'(weave together)라는 뜻으로 더 자주 사용됩니다. 이 단어가 가진 이미지는 하나님께서 우리의 삶을 엮어 가시는 사랑스러운 이미지입니다. 그런데 오늘날 이러한 개념을 가리키는 데 우리가 흔히 사용하는 관용구는 후자(weaving)가 아닌 전자(knitting)에서 비롯되었다는 점이 흥미롭습니다. 두 방식은 유사하지만 분명 다릅니다.

¹⁷ 하나님이여 주의 생각이 내게 어찌 그리 보배로우신지요 그 수가 어찌 그리
많은지요

17-18절은 하나님께서 우리를 잘 아시는 것을 두고 하나님을 찬양하는 단락의 후반부에 해당하며, 하나님을 향한 짧은 송영 및 찬송을 나타내고 있습니다. "생각"을 가리키는 데 사용된 단어는 2절에서 사용된 단어와 동일한 단어입니다("주께서 내가 앉고 일어섬을 아시고 멀리서도 나의 생각을 밝히 아시오며"[시 139:2]). 멀리서도 알 수 있는 우리의 생각과는 달리 하나님의 생각은 심오하며 그 수를 헤아릴 수 없습니다.

 시편 저자가 하나님의 생각에 대해 말할 때, 그 이면에서는 무엇에 관해 말하고 있다고 생각하나요? 여러분은 어떤 생각들을 하나님과 연관시키나요?

23절에 사용된 "뜻"이라는 단어는 2절과 17절에 사용된 "생각"이라는 단어와 그 의미가 다릅니다. 23절의 "뜻"은 어둡거나 괴로운 생각, 우리를 불안하게 만들거나 뒤흔드는 모든 생각들을 가리킵니다. 여기서 시편 저자는 하나님께서 그러한 생각들을 살펴보시고 각각 악한지 아닌지를 판단하시도록 맡깁니다. 만일 19-22절도 본래 139편에 속하는 내용으로 간주한다면, 시편 저자가 19-22절의 생각들도 염두에 두고 있다고 말할 수 있습니다. 이는 분노하는 것이 꼭 잘못된 일은 아님을 시사합니다.

 여러분이 가진 '괴로운 생각들'은 무엇인가요? 그 생각들은 어떤 모습으로 나타나요? 여러분은 하나님께서 그 생각들을 살펴보시고 악한지 아닌지를 판단해달라고 할 수 있나요?

시편 139편을 다시 천천히 읽어보세요. 그리고 눈에 띄는 표현들을 표시해 보세요. 처음 읽었을 때 눈에 띄었던 표현들과 같은가요? 다른가요? 이제 시편 139편의 묵상을 마무리하며 스스로에게 다음의 세 가지 질문을 던져 보세요.

• 어떤 감정이 드나요?

• 어떤 생각을 하게 되었나요?

• 이제 어떤 기도를 하고 싶은가요?

시편 145편은 '다윗의 시'(138-145편) 중에서 마지막 시편입니다. 시편 전체를 마무리 짓는 마지막 다섯 편의 송영 혹은 찬양의 시편들(146-150편) 바로 앞에 위치한 시편입니다. 145편은 여러 측면에서 '다윗의 시'에 속한 다른 시편들이 아닌 송영 시편들과 더 유사합니다. 실제로 이 시편은 하나님을 찬양하는 것과 우리가 하나님을 찬양하는 이유에 대해서 자세히 다루고 있습니다. 유대 전통에서 145편은 가장 많이 기도에 사용되는 시편 중 하나입니다.

탈무드(유대 랍비들의 말을 모은 책)는 시편 145편을 가지고 매일 세 차례 기도해야 한다고 선언합니다(탈무드 베라코트 4b). 이것은 오늘날 많은 사람들에게 도전이 됩니다. 우리 역시 마음속에서 우러나지 않을 때조차도 멈추지 말고 끊임없이 기도해야 하지 않을까요? 145편은 또한 감사라는 영적 훈련에 대한 중요성을 강조합니다. 물론 감사라는 영적 훈련이 우리 삶의 힘든 시기를 줄여주는 것은 아닙니다. 이 훈련은 우리의 기분에 상관없이 하나님이 어떤 분이신지를 알고 그에 대해 감사하는 데 초점을 맞추는 훈련이기 때문입니다.

다윗의 찬송시

¹ 왕이신 나의 하나님이여 내가 주를 높이고 영원히 주의 이름을 송축하리이다

² 내가 날마다 주를 송축하며 영원히 주의 이름을 송축하리이다

³ 여호와는 위대하시니 크게 찬양할 것이라 그의 위대하심을 측량하지 못하리로다

⁴ 대대로 주께서 행하시는 일을 크게 찬양하며 주의 능한 일을 선포하리로다

⁵ 주의 존귀하고 영광스러운 위엄과 주의 기이한 일들을 나는 작은 소리로 읊조
리리이다

⁶ 사람들은 주의 두려운 일의 권능을 말할 것이요 나도 주의 위대하심을 선포하
리이다

⁷ 그들이 주의 크신 은혜를 기념하여 말하며 주의 의를 노래하리이다

⁸ 여호와는 은혜로우시며 긍휼이 많으시며 노하기를 더디 하시며 인자하심이 크시도다

⁹ 여호와께서는 모든 것을 선대하시며 그 지으신 모든 것에 긍휼을 베푸시는도다

¹⁰ 여호와여 주께서 지으신 모든 것들이 주께 감사하며 주의 성도들이 주를 송축하리이다

¹¹ 그들이 주의 나라의 영광을 말하며 주의 업적을 일러서

¹² 주의 업적과 주의 나라의 위엄 있는 영광을 인생들에게 알게 하리이다

¹³ 주의 나라는 영원한 나라이니 주의 통치는 대대에 이르리이다

¹⁴ 여호와께서는 모든 넘어지는 자들을 붙드시며 비굴한 자들을 일으키시는도다

¹⁵ 모든 사람의 눈이 주를 앙망하오니 주는 때를 따라 그들에게 먹을 것을 주시며

¹⁶ 손을 펴사 모든 생물의 소원을 만족하게 하시나이다

¹⁷ 여호와께서는 그 모든 행위에 의로우시며 그 모든 일에 은혜로우시도다

¹⁸ 여호와께서는 자기에게 간구하는 모든 자 곧 진실하게 간구하는 모든 자에게
가까이 하시는도다

¹⁹ 그는 자기를 경외하는 자들의 소원을 이루시며 또 그들의 부르짖음을 들으사
구원하시리로다

²⁰ 여호와께서 자기를 사랑하는 자들은 다 보호하시고 악인들은 다 멸하시리로다

²¹ 내 입이 여호와의 영예를 말하며 모든 육체가 그의 거룩하신 이름을 영원히
송축할지로다

시편 145편은 각 구절의 시작이 히브리어 알파벳 순서로 이어지는 시편입니다. 히브리어 알파벳에는 모음이 포함되지 않기 때문에 총 22개의 글자가 있습니다. 그런데 여러분은 145편이 21개의 구절로만 되어 있다는 것을 알아차렸을 것입니다. 한 글자가 누락되었기 때문인데요, 바로 눈(*nun*) 혹은 n입니다. 왜 그런 것인지 그 이유는 분명하지 않습니다!

시편 저자가 145편의 구조를 세심하게 구성했다는 것을 유념하며 살펴보세요, 어떤 점이 눈에 띄나요? 이 시편의 구성 방식을 보고 떠오르는 생각이 있나요?

흥미로운 이야기
11-13절은 하나님의 왕국에 초점을 맞추고 있습니다. 각 구절이 히브리어 알파벳 순서로 되어 있는 145편에서 11-13절은 각각 k - l - m으로 시작됩니다. 한편, '왕'을 뜻하는 히브리어는 멜렉(*melek*)인데요, 그렇다면 시편 저자는 11-13절의 첫 글자들을 역순으로 읽으면 멜렉이 되는 것을 감안하여, 의도적으로 세 구절에서 하나님 '왕국'을 묵상했을 가능성이 높습니다.

145편은 찬양의 개념을 자세히 살펴봅니다. 145편 전체에 걸쳐 찬양을 하겠다는 결심("내가 주를 높이고"[145:1]), 찬양이 일어날 것이라는 진술("주의 능한 일을 선포하리로다"[145:4]), 찬양이 일어나는 이유("여호와는 위대하시니 크게 찬양할 것이라"[145:3])가 나타납니다. "찬양"이라는 단어가 직접적으로 사용되기도 하고, 다른 단어들로 표현되기도 합니다.

시편 145편에는 하나님을 찬양하는 모습을 가리키는 표현들과, 하나님을 찬양하는 방법들이 매우 다양하게 나타납니다. 145편 전체를 읽고 다음의 내용들을 적어 보세요:

• 하나님을 찬양하는 것을 가리키는 데 사용된 다양한 표현들

• 찬양의 다양한 형태들(찬양의 결심, 찬양의 진술, 찬양의 이유 등)

제목

시편 139편과 마찬가지로, 145편의 제목('다윗의 찬송시') 역시 다윗과 그의 생애에 있었던 사건들을 연상하게 만듭니다. '다윗의 찬송시'라는 제목은 145편에서 다윗이 이스라엘 백성뿐만 아니라 모든 피조물들도 하나님을 찬양하도록 이끌었음을 암시합니다. 찬양은 이 시편의 핵심적인 특징이며, 하나님의 본성을 인식하고 하나님이 행하신 모든 일에 감사하는 행위입니다.

145편은 처음부터 끝까지 찬양을 담고 있는 시편입니다. 만약 여러분이 탈무드의 가르침에 따라 하루에 세 번 이 시편으로 기도를 한다면, 여러분에게 어떤 변화가 생길까요?

¹ **왕이신 나의 하나님이여** 내가 주를 높이고 영원히 주의 이름을 송축하리이다

하나님의 왕권은 시편 전체에서 반복적으로 다루어지지만, 사실 하나님을 '왕'이라고 명시적으로 부르는 곳은 단 두 곳뿐입니다(시편 98:6과 145:1). 고대 세계에서 왕은 모두 강력한 존재였으며, 왕국 안에 속한 모든 땅의 소유자로 여겨졌습니다. 이것이 바로 사무엘 선지자가 이스라엘에 왕을 세우는 것을 반대했던 이유 중 하나였습니다. 이스라엘은 다른 민족들과는 다른 방식으로, 곧 열두 지파가 각각 하나님이 주신 땅의 일부를 소유하는 방식으로 세워졌기 때문입니다. 이러한 배경에서 이스라엘의 왕은 진정한 왕이신 하나님을 위하여 모든 것을 맡은 자로 여겨졌습니다.

 하나님을 '왕'이라고 부르는 것이 여러분에게 어떤 의미인가요?

³ **여호와**는 위대하시니 크게 찬양할 것이라 그의 위대하심을 측량하지 못하리로다

3-9절에는 "위대하"심(3절)부터 "선"하심(9절)까지 하나님에 대한 다양한 묘사들이 나열되어 있습니다. 이 묘사들 사이에 하나님께서 그분의 백성을 위해 행하신 일을 알려주는 구절들이 엮여 있습니다. 이것은 중요합니다. 성경 전체에서 "하나님이 누구이신가?"는 "하나님이 행하신 일"과 밀접하게 연결되어 있기 때문입니다. 우리는 하나님께서 우리를 위해 행하신 일을 통해 하나님이 누구이신가를 알게 됩니다. 145편에서 하나님이 행하신 '일'을 묘사하는 데 사용된 표현들이 매우 다양하다는 점이 눈에 띄는데요, 이 다양한 표현들은 모두 하나님의 행위, 즉 하나님께서 행하신 일이 시편 저자에게 매우 중요했다는 사실을 가리킵니다.

> 한쪽에는 3-9절에 나오는 하나님에 대한 다양한 묘사들("위대하"심 등)을 적고, 다른 한쪽에는 하나님이 행하신 일을 묘사한 표현들을 적어 보세요. 그리고 그것들을 묵상하는 시간을 가져 보세요. 여러분 자신의 경험에 비추어 또 다른 표현들을 덧붙여 보세요.

¹⁰ 여호와여 주께서 지으신 모든 것들이 주께 감사하며 주의 성도들이 주를
송축하리이다

시편 저자는 하나님을 찬양하는 것은 인간뿐만 아니라 피조 세계 전체라고 이야기합니다. 10절의 "주께서 지으신 모든 것들"은 인간과 동물, 식물과 나무 등 하나님이 창조하신 모든 피조물을 가리킵니다.

 피조물은 어떻게 하나님을 찬양할까요? 이것이 우리가 하나님을 찬양하는 일에 어떤 영향을 줄 수 있을까요?

흥미로운 이야기
시편 118편에서도 언급했듯이, 구약성경과 시편에서 가장 중요한 단어 중 하나는 히브리어 헤세드(*hesed*)입니다. 헤세드는 "변함없는 사랑" 또는 "사랑이 담긴 호의" 등으로 번역될 수 있습니다. 이 단어는 하나님을 향한 사랑이나 인간을 향한 사랑뿐만 아니라 신실함과 굳건함 등 다양한 의미를 담고 있어 영어로 번역하기가 상당히 까다롭습니다. 10절의 "주의 성도들"이라는 표현은 사랑스러운, 변함없는, 친절한, 신실한 등의 뜻이 담긴 "당신의 헤세드 백성"에서 번역된 것입니다.

¹³ 주의 나라는 영원한 나라이니 주의 통치는 대대에 이르리이다 (주님이 하시는 말씀은 모두 다 진실하고, 그 모든 업적에는 사랑이 담겨 있다)¹

여러 측면에서 13-20절과 3-9절은 서로를 보완합니다. 하나님이 행하신 일 안에서 드러난 하나님이 누구이신지에 대한 주제로 되돌아왔기 때문입니다.

 13-20절을 살펴보고 '하나님은 진실하시고 신뢰할 만한 분이시다'를 드러내는 다양한 표현들과, 그에 대한 증거들을 모두 적어 보세요. 그리고 3-9절의 내용과 비교해 보세요. 무엇이 같고 무엇이 다른가요?

---

1 개역개정과 달리 새번역성경에는 13절에 괄호 안의 내용이 덧붙여져 있습니다. 이러한 현상은 번역할 때 기준으로 삼은 사본들 간의 차이 때문입니다 - 역주

시편 145편을 다시 천천히 읽어보세요. 그리고 눈에 띄는 표현들을 표시해 보세요. 처음 읽었을 때 눈에 띄었던 표현들과 같은가요? 다른가요? 이제 시편 145편의 묵상을 마무리하며 스스로에게 다음의 세 가지 질문을 던져 보세요.

• 어떤 감정이 드나요?

• 어떤 생각을 하게 되었나요?

• 이제 어떤 기도를 하고 싶은가요?

시편 150편은 모든 시편들 중 가장 마지막일뿐만 아니라 또한 마지막 다섯 편의 찬양(할렐[hallel]) 시편 중에서도 마지막입니다. 여기에 해당하는 시편들(146-150편) 모두가 "여호와를 찬양하여라"와 같은 표현으로 시작합니다. 그중에서도 시편 150편은 처음부터 끝까지 "찬양"이라는 단어를 무려 13번이나 사용합니다. "찬양"이라는 단어의 반복적 사용도 눈에 띄지만, 또한 짧지만 강력한 여섯 절로 찬양을 표현하는 것 역시 감탄을 자아냅니다.

시편 1편이 여호와의 율법을 즐거워하는 사람의 삶을 묵상하며 시작했던 것처럼, 시편 150편은 즐거운 찬양의 외침으로 끝이 납니다. 시편 1편이 제시하는 삶은 결국 시간이 지남에 따라 150편과 같은 하나님을 향한 찬양으로 이어질 것입니다. 비록 때로는 가장 어두운 계곡과 깊은 절망의 구덩이를 지날지라도 말입니다. 따라서 시편 1편과 150편은 시편 전체에 꼭맞는 시작과 끝이라 할 수 있습니다.

시편 150편

1 할렐루야 그의 성소에서 하나님을 찬양하며 그의 권능의 궁창에서 그를 찬양할

  지어다

2 그의 능하신 행동을 찬양하며 그의 지극히 위대하심을 따라 찬양할지어다

3 나팔 소리로 찬양하며 비파와 수금으로 찬양할지어다

4 소고 치며 춤 추어 찬양하며 현악과 퉁소로 찬양할지어다

5 큰 소리 나는 제금으로 찬양하며 높은 소리 나는 제금으로 찬양할지어다

6 호흡이 있는 자마다 여호와를 찬양할지어다 할렐루야

시편 150편은 세 단락으로 나누어집니다:

- 1-2절은 하나님이 찬양을 받으실 곳뿐만 아니라 찬양을 받으셔야 하는 이유에 대해서도 설명합니다.
- 3~5절은 하나님을 어떻게 찬양해야 하는지를 설명합니다. 이때 온갖 악기들이 동원됩니다.
- 6절은 모든 피조물이 하나님을 찬양하기를 바라는 마음을 표현하며 여호와를 찬양하라는 명령으로 되돌아갑니다.

150편의 세 단락을 살펴보세요. 이 세 단락이 여러분에게 어떤 영향을 미치나요? 이 시편에서 영감을 얻은 것이 있나요? 전반적으로 이 시편이 조금 떠들썩 하다고 느껴질 수도 있고, 지나치게 찬양을 반복한다고 느껴질 수도 있겠습니다.

할렐루야(*hallelujah*)는 히브리어로 "여호와를 찬양하라"는 뜻입니다. 할렐루(*hallelu*)는 복수 명령형이고, 야(*Yah*)는 여호와의 이름인 YHWH의 축약형입니다. 이 시편은 "여호와를 찬양하라"는 명령으로 시작하고 끝이 납니다. 그 반복되는 명령 사이에 여호와를 찬양해야 하는 이유와 찬양을 하는 방법이 나옵니다.

 할렐루야라는 히브리 단어와 "여호와를 찬양하라"는 표현은 결국 동일한 의미입니다. 둘이 같은 의미로 느껴지나요? 아니면 조금 다르게 느껴지나요?

[1] 할렐루야 그의 성소에서 **하나님을 찬양하며** 그의 권능의 궁창에서 그를
찬양할지어다

150편의 첫 구절은 우리가 하나님을 찬양할 때 하나님이 어디에 계신
지를 알려줍니다. 우리가 찬양할 때 하나님은 성소(혹은 거룩한 곳), 그리고
웅장한 궁창에 계십니다. 두 단어는 서로 다른 두 장소를 가리키기 위하
여 사용된 것이 아닙니다. 당시 성전은 하늘을 향해 곧바로 열려있다고
생각되었기 때문입니다. 물론 그 반대의 경우도 마찬가지였습니다. 중요
한 것은 하나님은 성전과 그가 만드신 피조 세계 모두에서 찬양을 받으셔
야 한다는 것입니다.

 여러분이 가장 마음 편히 하나님을 찬양하는 곳은 어디인가요?

흥미로운 이야기
"궁창"으로 번역된 히브리어 라키아(*raqia*)는 단단하고 얇은 공간을 의
미합니다. 또한 히브리 사상가들이 창공 위로 흐르는 물을 가두고 있다
고 믿었던 둥근 지붕(dome)을 가리킵니다. 시편 저자는 그 위에 계신
여호와를 찬양하라고 명령하고 있는 것입니다.

² 그의 능하신 행동을 **찬양하며** 그의 지극히 위대하심을 따라 **찬양할지어다**

2절은 우리가 하나님을 찬양해야 하는 이유로 초점을 돌립니다. 즉, "그의 능하신 행동"(즉, 하나님이 행하신 일)과, 그의 지극히 위대하심(즉, 하나님이 누구이신지) 때문에 우리는 하나님을 찬양해야 합니다. 다시 말해, 시편 저자는 하나님을 찬양해야 할 필요성을 상기시켜 주는 두 가지 표제를 제시하고 있는 것입니다.

 만약 여러분이 찬양할 이유를 적는다면, "하나님이 행하신 일"이라는 제목 아래에 무엇을 적겠습니까? 그리고 "하나님은 누구이신가?"라는 제목 아래에는 무엇을 적겠습니까?

³ 나팔 소리로 **찬양하며** 비파와 수금으로 **찬양할지어다** ⁴ 소고 치며 춤 추어 **찬양하며** 현악과 퉁소로 **찬양할지어다** ⁵ 큰 소리 나는 제금으로 **찬양하며** 높은 소리 나는 제금으로 **찬양할지어다**

다음 세 구절은 하나님을 찬양할 때 사용할 악기에 대해 설명합니다.

- 나팔: 히브리어로 **쇼파르**(*shofar*). 동물의 뿔로 만들어졌으며 선율이 따로 없었습니다. 대신 하나님의 백성을 예배로 불러내는 역할을 했습니다.
- 비파: 10개의 현이 달린 고대 현악기로, 노래를 반주하도록 설계되었습니다.
- 수금: 7~8개의 줄이 달린 고대 현악기로, 역시 노래를 반주하도록 고안된 악기입니다.
- 소고: 일반적으로 여성이 연주하는 작은 드럼을 가리키며, 아마 왼손으로 북을 잡고 오른손으로 두드리며 춤을 췄을 것입니다.
- 현악: 방랑하는 선지자들이 주로 연주하는 현악기(lute)였을 것입니다.
- 퉁소: 아마도 일종의 플루트(flute)였을 것입니다.
- 제금: 두 가지 종류가 있는데, 하나는 쨍하고 울리는 소리를 내는 것이고, 다른 하나는 더 세게 꽝하고 부딪치는 소리를 내는 것입니다.

이와 같이 하나님을 찬양하는 소리는 과연 어떤 소리였을까요? 시편 저자가 왜 이렇게 다양한 악기를 묘사한다고 생각하나요? 이 악기들을 현대 예배에 적용한다면, 오늘날 어떤 악기들에 해당할까요?

150편의 마지막 절은 하나님을 찬양하는 일의 중요성을 강조합니다. 호흡을 하는 목적은 바로 하나님을 찬양하기 위해서입니다. 따라서 호흡이 있는 모든 것들은 마땅히 하나님을 찬양해야 합니다. 이는 시편 전체의 꼭맞는 마무리라고 할 수 있습니다. 하나님께서 창조하신 모든 생명체의 목적은 하나님의 영광과 명예를 창조주께 되돌려 드리는 것입니다. 그리고 우리가 그렇게 하는 방법이 바로 찬양입니다.

 지금 당장 하나님을 찬양해야 한다면, 어떤 찬양을 드리겠습니까?

시편 150편을 다시 천천히 읽어보세요. 그리고 눈에 띄는 표현들을 표시해 보세요. 처음 읽었을 때 눈에 띄었던 표현들과 같은가요? 다른가요? 이제 시편 150편의 묵상을 마무리하며 스스로에게 다음의 세 가지 질문을 던져 보세요.

• 어떤 감정이 드나요?

• 어떤 생각을 하게 되었나요?

• 이제 어떤 기도를 하고 싶은가요?

시편을 쓰다

초판1쇄	2023. 10. 27
저자	폴라 구더
번역	이학영
편집	박선영 이학영

발행인	이학영
발행처	도서출판 학영
이메일	hypublisher@gmail.com
총판처	기독교출판유통

ISBN	9791198268495 (03230)
정 가	16,000원